백두대간 품속
가야 이야기

백두대간 품속 가야 이야기

2022년 9월 10일 초판 1쇄 인쇄
2022년 9월 20일 초판 1쇄 발행

펴 낸 이 김영애
지 은 이 곽장근

펴 낸 곳 SniFactory (에스앤아이팩토리)
등   록 2013년 6월 30일 | 제2013-000136호
주   소 서울강남구 삼성로 96길 6 엘지트윈텔1차 1210호
          http://www.snifactory.com | dahal@dahal.co.kr
전   화 02-517-9385
팩   스 02-517-9386

ISBN 979-11-91656-22-0(03910)
ⓒ 곽장근, 2022

값 25,000원

백두대간 품속
가야 이야기

곽장근 지음

다흘미디어

백두대간에도 가야가 있다

『산경표山經表』는 조선 영조 때 지리학자 신경준에 의해 편찬된 전통 지리학 지침서이다. 이 책에 실린 백두대간白頭大幹은 자연 생태계의 보고이자 한반도의 척추이다. 금남정맥錦南正脈과 호남정맥湖南正脈이 전북을 동부의 산악지대와 서부의 평야지대로 구분짓는다. 전북 동부를 동서로 가로지르는 금남호남정맥錦南湖南正脈이 북쪽의 금강과 남쪽의 섬진강 분수령을 이룬다. 영호남의 자연 경계를 이룬 백두대간을 중심으로 동쪽에 운봉고원과 서쪽에 진안고원이 위치하며, 진안고원은 달리 호남의 지붕으로도 불린다.

일제강점기부터 지명의 음상사音相似와 임실 금성리에서 나온 가야토기에 근거를 두고 전북 동부를 하나의 권역으로만 설정하고 대가야의 변경 혹은 지방으로 비정된 견해가 큰 지지를 받고 있었다. 그러나 전북 동부는 하나의 문화권이나 생활권으로 묶기 힘들 정도로 험준한 산악지대를 이루고, 수계상으로도 금강과 남강, 섬진강, 만경강 유역으로 나뉜다. 아직은 전북 동부 가야계 유적을 대상으로 발굴조사가 미진하지만 모든 가야의 영역에서 가야문화유산의 종류가 가장 다양하고 풍부하다. 엄밀히 말하면 전북 동부는 지붕 없는 야외 박물관이다.

우리나라 남부지방의 중앙부에 위치하고 있는 전북 동부는 지정학적인 이점을 잘 살려 선사시대부터 줄곧 전략상 요충지이자 교통의 중심지를 이루었다. 가야 소국들이 백제의 중앙과 교류하는데 대부분 이용해야 하는 중심이 되는 옛길이 전북 동부를 통과하여 교역망의 허브 역할을 담당했으며, 전북 동부를 무대로 불길같이 맹렬하게 전개된 가야와 백제, 신라의 역학관계는 대체로 철산지의 장악 혹은 사통팔달했던 교역망의 관할과 관련이 깊다. 그리하여 가야와 백제, 신라, 고구려의 유적과 유물이 함께 존재하고 있는 곳이다.

2017년 전북 동부에서 그 존재를 드러낸 120여 개소의 가야 봉화망에 근거를 두고 '전북 가야'라고 새로운 이름을 지었다. 전북 남원시와 완주군·진안군·무주군·장수군·임실군·순창군, 충남 금산군에서 학계에 보고된 모든 가야계 유적과 유물을 하나로 묶었다. 전북 가야 용어에는 가야사 국정과제에 국민들을 초대하기 위한 대중적이고 홍보적인 의미만을 담고 있다. 여기에 충남 금산군을 포함시킨 것은 1963년까지 전북에 속했었고, 전북 가야와의 연관성이 강한 것으로 밝혀졌기 때문이다.

전북 동부는 마한 이래로 내내 백제 문화권에 속했던 곳으로만 인식됐다. 1972년 임실 금성리에서 나온 유개 장경호가 전북 가야의 존재를 처음으로 세상에 알렸고, 1982년에는 남원 월산리 고분군 발굴조사에서 백두대간 동쪽 운봉고원에 가야세력이 존재한다는 고고학 단서를 제공했다. 가야 고총에서 금과 은으로 상감된 환두대도 손잡이가 출토되어 당시 역사학계를 충격 속에 빠뜨렸다. 최고의 위세품으로 전북 가야의 존재를 신고했지만 전북 가야의 기억은 그리 오래가지 못했다.

1990년대 이르러서는 백두대간 서쪽 진안고원을 대상으로 가야계 문화유적을 찾고 알리는 지표조사와 그 성격을 밝히기 위한 발굴조사도 추진됐고, 이후 해마다 군산대학교 고고학팀이 자체 지표조사를 실시하여 유적과 유물로 전북 가야의 존재를 꾸준히 알렸다. 다행히 2017년부터 가야사 국정과제 일환으로 전라북도 등 7개 시군에서 발굴비를 지원해 주어 전북 가야의 실체를 검증받았다. 그리하여 전북 동부에 지역적인 기반을 둔 가야세력의 정체성과 지역성을 규명하는데 꼭 필요한 고고학 자료도 상당량 축적됐다.

일제강점기 때 지명을 중심으로 시작된 가야사 연구는 1990년대부터 고고학 자료를 문헌의 지명에 접목시키는 방법으로 바뀌었다. 전북 동부를 모두 다 대가야 영역에 속했던 곳으로만 인식하고 가야 소국 기문국己汶國이 임실, 남원 등 섬진강 유역으로 비정된 견해가 통설로 받아들여지고 있다. 그렇지만 섬진강 유역에서는 가야 소국의 존재를 고고학 자료로 확증해 주는 가야 중대형 고총의 존재가 여전히 발견되지 않고 있으며, 가야 관련 최고의 위세품도 거의 출토되지 않았다. 오직 임실·순창 봉화로를 근거로 장수 가야가 섬진강 유역으로 일시적인 진출을 한 것으로 확인됐다.

더군다나 금강 최상류에 지역적인 기반을 두고 가야의 소국으로까지 발전했던 장수 가야와 관련된 고고학 자료가 가야사 복원에서 거의 다루어지지 않아 추가 논의가 필요한 상황이다. 종래에 전북 동부에서 축적된 고고학 자료를 문헌에 접목시켜 가야 소국의 위치 비정도 다시 시도되고 있다. 백두대간 품속 운봉고원과 진안고원의 전북 장수군에서 가야세력이 4세기 말 처음 등장해 계기적인 발전 과정을 거쳐 마침내 운봉고원의 기문국과 진안고원의 장수 가야, 즉 반파국으로 발전했다는 주장도 발표됐다. 따라서 가야 소국 기문국과 반파국은 전북 가야의 아이콘인 것이다.

　무엇보다 금동신발[金銅飾履]와 금제이식金製耳飾, 철제초두鐵製鐎斗, 편자鞭子, 꺽쇠 등이 전북 가야의 고총에서 출토되어, 삼국시대 위세품威勢品을 파악할 수 있었다. 뿐만 아니라 중국제 계수호鷄首壺와 수대경獸帶鏡, 일본열도에서 바다를 건너온 나무로 만든 빗 등이 전북 가야의 고총에서 함께 나왔다. 여기서 그치지 않고 가야와 백제, 신라, 마한계 최상급 토기류도 거의 다 모여 있다. 한마디로 전북 가야의 타임캡슐이다. 엄밀히 표현하면 전북 가야는 동북아 문물 교류의 허브로서 다양성과 역동성, 국제성으로 상징된다.

　그런가 하면 전북 동부에서 120여 개소의 가야 봉화가 그 존재를 드러냈다. 가야 봉화는 국가의 존재와 국가의 영역과 국가의 국력을 대변한다. 가야 봉화로 문헌 속 가야 소국의 존재를 방증해 주었다. 아직은 가야와의 연관성이 검증되지 않았지만 전북 가야의 영역에서 250여 개소의 제철유적도 발견됐다. 앞으로 머지않아 국민들이 염원하는 철의 왕국 가야를 제철유적으로 만날 수 있을 것으로 큰 기대를 모으고 있다. 백두대간 품속에 가야문화를 당당히 꽃피운 전북 가야는 한마디로 첨단 과학 기술로 요약된다.

　전북은 가야 봉화와 조선 봉수가 공존한다. 서해안을 따라 일정한 간격으로 배치된 봉수는 조선시대 5봉수로 중 제5거에 해당하는 연변봉수이다. 해안선을 따라 이어지다가 군산 점방산 봉수에서 두 갈래로 갈라진다. 하나는 충남 서천 운은산 봉수로 이어져 서해의 해안선을 따라 북쪽으로 이어진 간봉이며, 다른 하나는 동쪽으로 방향을 틀어 공주의 충청감영을 경유하던 직봉이다. 서해 연안항로를 따라 배치된 봉수는 선박의 안전 항해를 위한 등대 역할도 담당했다.

　전북 동부는 고려 말의 봉수선로를 계승하여 조선 초기에 정비된 5봉수로의 직봉과 간봉이 통과하지 않는다. 그럼에도 불구하고 우리나라에서 봉화산이 가장 많이 자리한다. 전북 가야의 영역에서 장수 봉화산 등 120여 개소의 가야 봉화가 그 존재를 드러냈다. 현재까지 여덟 갈래 가야 봉화로가 복원됐고, 모든 봉화로의 최종 종착지는 전북 장수군 장계분지로 밝혀졌다. 장수군 장계면 삼봉리에는 추정 왕궁터와 장수군 일원에 240여 기의 가야 중대형 고총도 산재해 있다.

가야사 국정과제로 가야 봉화의 역사성을 검증하기 위한 발굴조사도 이제 막 시작됐다. 그리하여 조선 봉수와 확연히 다른 가야 봉화대의 구조도 파악됐으며, 가야 봉화망과 봉후(화)제를 근거로 백제와 신라, 가야의 역학관계도 파악됐다. 장수 영취산·원수봉·봉화산·봉화봉·삼봉리 산성, 남원 봉화산, 임실 봉화산, 무주 노고산 봉화, 완주 천호산성 봉화시설에서는 장수군 가야계 분묘 유적 출토품과 동일한 가야토기가 출토되어, 그 운영 주체가 장수 가야로 고증됐다.

문헌에 봉후(화)제를 운영한 반파국 비정은 역사고고학의 범주에 속한다. 문헌의 내용이 유적과 유물로 입증되면 학계의 논의가 시작되고, 이를 근거로 결론 도출도 가능하다. 전북 동부 가야 봉화망을 정리 분석하여 가야 봉화로를 복원한 뒤 고고학 자료를 문헌의 내용에 접목시켜 장수 가야를 반파국으로 비정했다. 문헌에 반파국은 백제와 3년 전쟁을 불사했고, 신라와는 적대관계를 야기한 가야 소국으로 등장한다. 장수 가야는 고고학 자료로 문헌의 반파국을 대부분 충족시켰다.

가야사 국정과제로 전북 가야의 영역에서 250여 개소의 제철유적이 발견됐다. 현재까지 남강 유역에서 40여 개소, 금강 유역에서 160여 개소, 섬진강 유역에서 30여 개소, 만경강 유역에서 20여 개소의 제철유적이 산재해 있는 것으로 파악됐다. 2020년 전북 고창군 고수면 은사리에서 제철유적이 발견되어, 전북 서부지역에도 제철유적이 자리하고 있을 가능성이 보이며, 지금도 전북에서 제철유적을 찾는 정밀 지표조사가 진행되고 있기 때문에 그 수가 더 늘어날 것으로 확신한다.

백두대간과 금남호남정맥, 금남정맥, 호남정맥을 따라 골짜기가 깊고 수량이 풍부하면서 평탄지가 발달한 계곡에 제철유적이 위치한다. 더욱 흥미로운 것은 제철유적 부근에는 산죽이 군락지를 이루고 있다는 점에서 공통성을 보였다. 금강과 만경강 분수령이자 전북과 충남 경계를 이룬 금만정맥에도 제철유적의 밀집도가 높은데, 이는 우리나라에서 단야구가 가장 많이 나온 완주 상운리 유적에서 그다지 멀지 않은 곳이다.

전북 동부 제철유적의 역사성을 조명하기 위한 발굴조사가 남원 화수리 옥계동, 장수 명덕리 대적골, 무주 삼공리 제철유적에서 시작됐다. 지금도 전북 제철유적의 분포양상을 파악하기 위한 정밀 지표조사도 꾸준히 계속되고 있다. 가야사 국정과제 일환으로 첫 기획된 지표조사로 전북 동부 제철유적의 현황만 파악됐기 때문에 이를 고증하기 위한 발굴조사가 절실하다. 향후 전북 동부 가야 봉화 및 제철유적의 역사성을 고증하기 위한 학제 간 혹은 지역 간 융복합 연구가 요망된다.

2022년 8월
곽 장 근

차 례

"우리나라 남부 지방의 중앙부에 위치한 전북 동부는
지정학적 이점을 잘 살려 선사시대부터 줄곧
전략상 요충지이자 교통의 중심지를 이루었다.
전북 동부는 모든 가야의 영역에서
가야문화유산의 종류가 가장 다양하고 풍부하다.
엄밀히 말해 전북 동부는 지붕 없는 야외 박물관이다."

이제까지 발품을 팔아 밝혀낸 전북 동부는 한마디로 지붕 없는 야외 박물관이다.
더욱이 동부는 가야 고총과 봉화, 제철 유적으로 상징된다.
동시에 가야와 백제, 신라를 함께 만날 수 있다.

1부

전북가야,
세상에 드러나다

1장

백두대간 양쪽에 꽃피운
가야문화

우리나라 전통 지리학의 지침서가 『산경표
山經表』이다. 이 책은 조선 영조 때 실학자이자 지리학자 신경준申景濬에 의해 편찬
된 지리학의 바이블이다. 신경준은 신숙주申叔舟의 동생 신말주申末舟의 11대 후손
으로 진사 내淶의 아들로 자는 순민舜民, 호는 여암旅庵, 본관은 고령高靈이다. 문자
학·성운학·지리학 등 다방면에 큰 업적을 남겼다.

신경준은 '산은 스스로 물을 가른다'는 산자분수령山自分水嶺의 핵심 원리에 토
대를 두고 『산경표』를 편찬했다. 좀 더 상세히 설명하면 "산은 물을 넘지 못하고 물
은 산을 건너지 않는다"는 뜻이 그 속에 녹아있다. 우리 조상들은 산과 강이 대립
하는 것이 아니라 서로 공존하며 조화를 이룬 한몸으로 인식했음을 알 수 있다.
『산경표』는 우리 민족정기의 바탕이자 산실인 셈이다.

전북은 『산경표』의 고향이다. 여암 신경준이 조선 숙종 38년(1712) 순창군 순창
읍 가남리 남산대 마을에서 태어났기 때문이다. 신숙주 동생 신말주는 단종이 왕

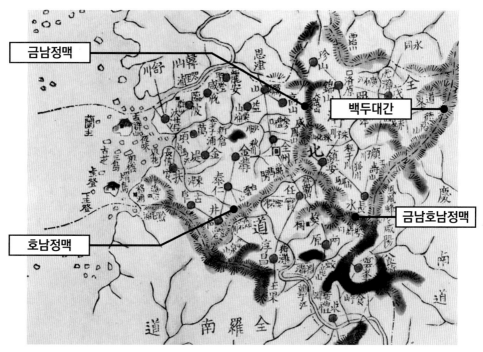

금남정맥

백두대간

금남호남정맥

호남정맥

대한전도, 금남정맥과 호정맥이 전북을 동부 산악지대와 서부 평야지대로 갈라놓음.

위에서 물러나자 두 임금을 섬길 수 없다는 불사이군不事二君의 충절을 지켜 부인 순창 설씨의 고향으로 낙향, 남산대에 머물면서 귀래정을 짓고 산수를 즐겼다.

순창군 유등면 오교리 산 15-2번지에 신경준의 묘가 있다. 순창 남산대 마을에서 동북쪽으로 5km 가량 떨어진 서운골 동쪽에 섬진강이 흐르고, 섬진강을 따라 남북으로 이어진 산자락 남쪽 기슭으로 북쪽에 성벽을 거칠게 쌓은 오교리 산성이 있다. 묘역에는 셋째 부인 평창 이씨와 합장한 봉분과 묘비, 상석, 문인석 등의 석물이 있다.

백두대간 정령치에서 바라 본 운봉고원 항공사진이다. 운봉고원은 조선시대 예언서 『정감록』에 사람이 살기 좋은 십승지지의 한 곳으로, 해발 500m 이상 되는 고원지대로 남강과 섬진강 물줄기를 함께 거느린다. 940년 경남 함양군에 설치된 천령군에서 남원부로 이속되어 전북과 첫 인연을 맺었다.

『산경표』는 우리나라의 산줄기를 15개로 구분한 뒤 1,650여 개의 산과 지명을 표기하고 10대 강 줄기를 유역별로 수록해 놓았다. 1900년대 초까지 국가 공인 지리서처럼 활용되다가 일제에 의해 우리 곁을 떠났다. 일제가 지하자원의 수탈과 민족정기의 말살정책 일환으로 『산맥도山脈圖』를 제작하고 이를 강제로 교과서에 도입시킨 것이다. 『산맥도』는 지질의 구조선과 땅속의 암석 및 지맥 줄기를 기본 개념으로 하는데, 이때 15개 산줄기를 15개 산맥으로 그 이름을 바꾸었다.

1900년대 초 일제의 강요에 의해 우리 곁을 떠났던 『산경표』는, 1980년 산악인 이우형이 서울 인사동 고서방에서 조선광문회에서 발간한 영인본을 찾아내면서 다시 세상에 돌아왔다. 1986년 『월간 스포츠레저』가 백두대간을 일반에 널리 홍보하기 시작했으며, 1990년 이우형은 「동여도東輿圖」의 지명을 「대동여지도大東輿地圖」로 옮겨 다시 편찬했다. 1995년부터 교육부 등 정부에서도 『산경표』에 관심을 보이기 시작했고, 1997년에는 조석필의 『태백산맥은 없다』 출간으로 국민들의 관심이 폭발적으로 늘어났다. 이에 2005년부터 백두대간을 온전하게 보전하기 위해 '백두대간보호법'이 시행되고 있다. 한평생 『산경표』 부활에 헌신한 고인 이우형으로부터 비롯된 공이 아닐 수 없다.

백두대간은 한반도의 척추이자 자연 생태계의 보고이다. 백두산 장군봉에서 출발해 동쪽 해안선을 끼고 남쪽으로 흐르다가 태백산 근처에서 서쪽으로 방향을 틀어 덕유산 백암봉을 거쳐 지리산 천왕봉까지 뻗은 거대한 산줄기이다. 우리나라의 국토를 동서로 갈라놓는 큰 산줄기로, 다시 이곳에서 뻗어나간 여러 갈래의 산줄기들은 생활권과 문화권을 구분 짓는 경계선이 됐다.

전북 구간에서 백두대간은 백제와 신라의 국경선을 형성했고, 조선시대에는 경상도와 전라도를 갈라놓는 행정 경계를 이루었다. 백두대간을 품은 전북 동부는

하나의 생활권 혹은 문화권으로 설정하기 어려울 정도로 전형
적인 산악지대를 이룬다. 지금까지는 단순히 임순
남任淳南과 무진장茂鎭長으로만 회자됐
고, 삼수갑산三水甲山 못지않게
오지로 통한다.

　금남정맥과 호남
정맥이 전북을 동
부의 산악지대와 서
부의 평야지대로 갈라
놓는다. 금남정맥은 주
화산에서 부소산 북
쪽 백마강 선착장
옆 조룡대까지 뻗은
126km의 산줄기이다. 주
화산에서 백운산까지 길이
398.7km로 호남지방을 L자
형으로 뻗은 산줄기가 호남정
맥이다. 『산경표』의 명산 주화
산은 남쪽의 섬진강과 북쪽의
금강, 서쪽의 만경강 분수령을
이룬다.

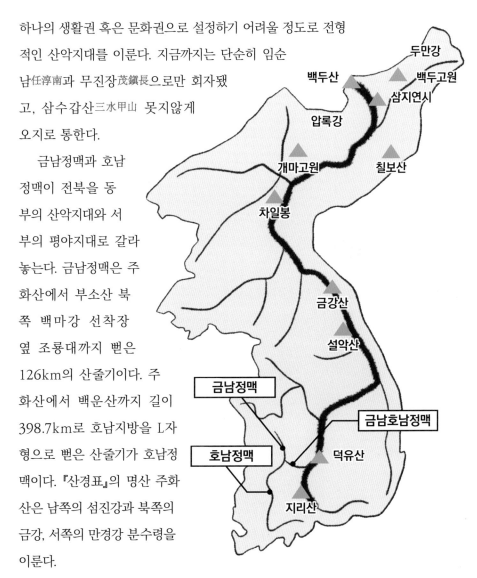

　백두대간 영취산에서　　▲ 백두산에서 지리산으로 이어지는 한반도의 등줄기, 백두대간.

▲ 백두대간 서쪽 장수군 장계분지 항공사진이다. 영호남 교류의 관문 육십령이 자리하여 줄곧 내륙교통의 허브 역할을 담당했다. 전북 동부 여덟 갈래로 복원된 가야 봉화로의 최종 종착지로 반파국 도읍지로 추정되는 곳이다. 장수군에서는 가야 중대형 고총 240여 기와 80여 개소의 제철유적이 학계에 보고됐다.

전북가야, 세상에 드러나다

주화산까지 서북쪽으로 뻗은 금남호남정맥이 남쪽의 섬진강과 북쪽의 금강 유역으로 구분 짓는다. 백두대간을 중심으로 동쪽에 운봉고원雲峰高原과 서쪽에 진안고원鎭安高原이 위치한다. 운봉고원과 진안고원은 모두 1500년 전, 이 백두대간의 품속에 가야 왕국을 탄생시킨 곳이다. 여태까지 발굴이 미진해 운봉고원의 운봉 가야와 진안고원의 장수 가야로 불리었다. 둘 다 모두 가야의 존재를 알리고 이해를 돕기 위한 임시 용어였다.

운봉고원은 조선시대 예언서 『정감록鄭鑑錄』에 기록된 '십승지지十勝之地'의 하나다. 940년 전북 남원시에 편입됐지만, 백두대간 동쪽에 위치해 문화권 및 생활권이 경남 함양군과 산청군에 가깝다. 고원은 백두대간과 금남정맥 사이에 형성된 해발 400m 내외의 산악지대로 달리 호남의 지붕이라고도 불리는데, 전북 진안군·장수군·무주군과 충남 금산군에 걸쳐 있다.

이제까지 발품을 팔아 밝혀낸 전북 동부는 한마디로 지붕 없는 야외 박물관이다. 더욱이 동부는 가야 고총과 봉화, 제철 유적으로 상징되며, 동시에 가야와 백제, 신라를 함께 만날 수 있다. 2017년 가야사 국정과제로 백두대간 품속 동부가 그 실체를 드러내기 시작했다. 아직은 발굴이 미진해 혹독한 검증 및 고증 과정을 거치고 있지만 지금까지 찾은 가야문화유산은 그 종류가 가장 풍부하고 다양하다.

그럼에도 불구하고 전북 동부는 마한 이래로 줄곧 백제문화권에 속했던 곳으로만 인식됐다. 1972년 임실 금성리에서 나온 가야 토기가 전북에서 가야의 존재를 세상에 알리는 계기가 되었고, 1982년에는 남원 월산리 고분군 구제 발굴에서 백두대간 동쪽 운봉고원 일대에 가야 고총이 존재한다는 단서를 제공했다. 1990년대 이르러서는 백두대간 서쪽 진안고원을 대상으로 가야계 문화유적을 찾고 알리는 지표조사와 그 성격을 밝히기 위한 발굴조사도 추진됐다.

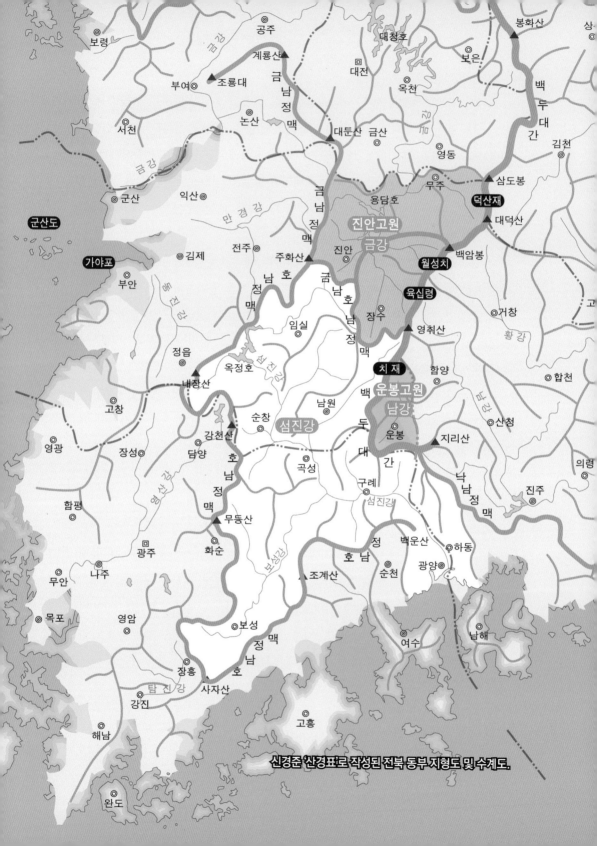

신경준 '산경표'로 작성된 전북 동부 지형도 및 수계도.

일제강점기 때 서로 글자는 다르지만 음이 같은 지명을 중심으로 시작된 가야사 연구는 1990년대부터 고고학 자료를 문헌의 지명에 접목시키는 방법으로 바뀌었다. 전북 동부는 대가야 영역에 속했던 곳으로만 인식하고 가야 왕국 기문국己汶國이 임실, 남원 등 섬진강 유역으로 비정된 견해가 통설로 받아들여지고 있다. 그러나 섬진강 유역에서는 가야 소국의 존재를 증명해 주는 가야의 중대형 고총의 존재가 여전히 발견되지 않고 있다.

2017년 가야사 국정과제가 시작되기 이전까지만 해도 전북 동부를 하나의 권역으로만 설정하고 대가야의 변경 혹은 지방으로 비정된 견해가 큰 지지를 받았다. 그러나 전북 동부는 하나의 문화권 및 생활권으로 묶기 어려울 정도로 전형적인 산악지대를 이루고 있으며, 수계상으로도 금강과 남강, 섬진강, 만경강 유역으로 서로 달리한다. 그러나 안타깝게도 백두대간 품속 가야 문화유적을 대상으로 발굴이 너무나 미진해 학계의 주목을 받지 못했다.

2장

고고학으로 찾은
기문국과 반파국

가야 소국을 비정하려면 고고학 자료로 몇 가지 핵심조건이 충족되어야 한다. 먼저 가야 수장층 혹은 지배층 무덤으로 평가받고 있는 가야 중대형 고총과 왕궁터가 자리하고 있어야 한다. 다른 하나는 가야 고총에서 위세품威勢品, 위신재威身財, 꺽쇠 등의 유물이 출토돼야 한다. 또 가야 고총군 부근에 규모가 큰 산성이 배치돼 있어야 한다.

전북 동부 남강 유역의 운봉고원과 금강 최상류 진안고원 내 장수군에 기반을 둔 가야 정치체는 고고학 자료로 핵심조건을 모두 충족시켰다. 더군다나 금강 유역의 가야 정치체는 가야 봉화인 역사 고고학 자료의 발굴로 그 존재를 뒷받침해 주었다.

전북 가야를 이끈 기문국, 반파국 위치 비정은 역사고고학의 범주에 속한다. 문헌의 내용이 유적과 유물로 입증되면 학계의 논의와 함께 결론 도출도 가능하다. 현재까지 전북 동부에서 그 존재를 드러낸 마한의 분구묘 및 가야 고총은 420여 기에 달하며, 가야 고총에서 마한 묘제가 계승되어 강한 지역성과 독자성도 확인됐다. 가야 고총에서는 금동신발 등 위세품과 위신재, 중국 및 왜와 관련된 유물도 출토됐고, 더 나아가 120여 개소의 가야 봉화와 여덟 갈래의 봉화로도 복원되어 문헌에 등장하는 가야 정치체의 존재를 확증할 수 있었다.

남강 유역에 속한 운봉고원은 호남의 전략상 요충지로서 십승지지의 한 곳이다. 운봉고원에 지역적인 기반을 둔 기문국은 4세기 후반 늦은 시기에 처음 등장해 6세기 초 이른 시기까지 존속했다. 백두대간이 난공불락의 요새를 이룸과 동시에 줄곧 백제와 가야 문물교류의 큰 관문을 이루었다. 당시 대규모 철산개발과 거미줄처럼 잘 구축된 교역망을 통한 철의 생산과 유통이 결정적인 원동력으로 작용했다. 운봉고원은 철의 생산부터 주조기술까지 하나로 응축된 '철의 테크노밸리'로 추론된다. 현재까지 운봉고원에서 그 존재를 드러낸 제철유적은 40여 개소에 달해, 우리나라에서 단일 지역 내 제철유적의 밀집도가 가장 높다.

운봉고원 일대에서는 또한 180여 기의 마한 분구묘와 가야 중대형 고총, 금동신발과 청동거울 등 위세품이 출토됨으로써 기문국의 존재를 고고학 자료로 뒷받침해주었다. 백제를 비롯하여 대가야, 아라가야, 소가야 등이 운봉고원에서 생산된 니켈 철을 안정적으로 확보하기 위해 최고급 위세품과 최상급 토기류를 기문국에 보냈다. 삼국의 위세품과 중국계, 왜계 유물이 함께 공존하는 곳은 모든 가야 영역에서 기문국이 유일하다. 그러나 6세기 초 이른 시기 백제의 가야 진출로 백제에 정치적으로 복속됐다가 554년 옥천 관산성 전투에서 백제가 패배함에 따라 전북 동부 철산지가 대부분 신라 영역으로 편입된 것이다.

운봉고원은 그 중심지가 네 번 이동된 것으로 추정할 수 있다. 그 처음은 기원전 84년 마한 왕이 지리산 달궁계곡에서 달궁터를 닦고 71년 동안 국력을 키워 운봉읍 장교리 연동마을로 이동해 말(몰)무덤을 남긴 것이다. 운봉고원의 마한세력은 가야문화를 받아들이기 전까지 정치 중심지를 운봉읍 장교리 일대에 두었다. 그러다가 4세기 말 가야문화를 받아들이고 아영면 월산리·청계리 일대에서 잠시 머물다가 남원 유곡리와 두락리로 중심지를 옮겼다. 남원 월산리·청계리는 반달모양 산자락이 휘감아 자생 풍수에서 최고의 명당을 이룬다. 남원 유곡리와 두락리는 기문국의 마지막 도읍으로 비정된다.

금강 최상류 진안고원 내 장수군에 지역적인 기반을 둔 반파국은 4세기 말 처음 등장해 가야 소국으로 성장하다가 6세기 초 백제에 의해 멸망했다. 금남호남정맥 산줄기가 백제의 동쪽 진출을 막았고, 사통팔달했던 교역망의 장악, 대규모 구리 및 철산개발이 결정적인 원동력으로 작용했다. 장수 노곡리·장계리 마한의 분구묘가 연속적인 발전 과정을 거쳐 240여 기의 가야 중대형 고총이 진안고원 내 장수군에서만 발견됐다. 장수 삼고리는 반파국 하위계층 분묘 유적으로 대다수 가야를 중심으로 백제, 신라, 마한계 최상급 토기류를 거의 다 모아 둔 곳으로 삼국시대 토기 박물관으로 철의 생산과 유통을 유물로 암시해 주었다.

장수 남양리는 가야 영역에서 철기문화가 처음 시작된 곳으로 금강 최상류에 위치한다. 장수군 장계리 8호분 주석곽에서 망치와 모루, 집게가 세트로 나왔는데, 그 크기가 작아 2차 단야구이다. 장수 동촌리 19호분에서 나온 말발굽은 당시 철의 생산부터 가공기술까지 하나로 응축된 주조기술의 집약체이다. 장수 명덕리 대적골 등 금강 유역에서 160여 개소의 제철유적이 밀집 분포되어 있는데, 우리나라에서 단일 지역 내 최대의 밀집도이다. 이와 같이 백두대간 산줄기 서쪽 유일한 가야 소국 반파국은 철의 생산과 유통으로 부국강병을 이룩한 뒤 전국에 가야 봉화망을 구축했고, 기문국을 지키기 위해 백제와 3년 전쟁을 치르면서 봉화(후)를 운영했다.

장수군 장계분지에서는 그 중심지가 두 번 이동된 것으로 추정된다. 첫 번째 중

전북가야, 세상에 드러나다

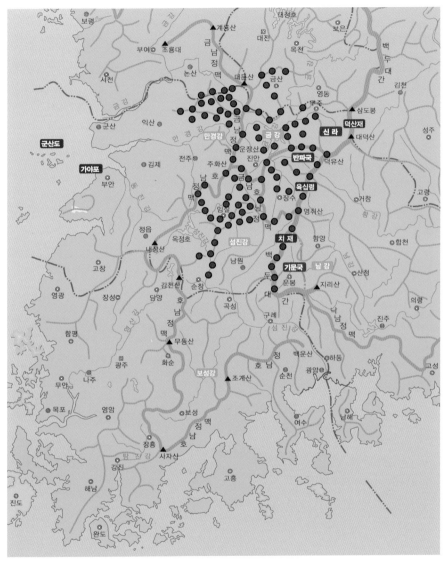

전북 동부 철의 왕국 기문국, 봉화 왕국 반파국 위치도.

장수군 장계분지 내 장수 백화산 고분군 항공사진이다. 종래의 장수 삼봉리·장계리·호덕리 고분군
을 하나로 묶어 새로운 이름을 지은 것이다. 장수 삼봉리 가야 고총에서만 꺽쇠가 나와 주목받았
다. 현재 발굴 자료를 근거로 4기의 가야 고총이 정비 복원됐는데, 봉분이 서로 붙은 연접분이다.
우리나라에서 도굴의 피해가 가장 극심한 곳이기도 하다.

심지는 마무산馬舞山 부근으로 장수군 계남면 침곡리 고기마을로 옛터로도 불리는 곳이다. 두 번째는 장수군 장계면 삼봉리 탑동마을로 자생 풍수에서 최고의 명당을 이룬 곳으로 반파국의 추정 왕궁터로 장수군 장계분지 주산으로 알려진 성주산聖主山에서 뻗어 내린 산자락이 반달모양으로 감싸고 있다. 전북 동부에서 그 존재를 드러낸 120개소의 봉화에서 실어온 모든 정보가 하나로 취합되는 장수 삼봉리 산성과 120여 기의 가야 고총으로 상징되는 장수 백화산 고분군이 그 부근에 위치한다.

전북 장수군을 제외한 금강 유역은 반파국의 경제, 국방의 거점이었다. 전북 완주군·무주군, 충남 금산군에서 시작된 네 갈래의 봉화로가 금강 유역을 통과한다. 가야 봉화는 대체로 산봉우리 정상부를 평탄하게 다듬고 흑운모 편마암으로 장방형 봉화대를 만든 석축형이다. 봉화대 정상부에는 불을 피우는 봉화시설이 있는데, 봉화시설은 2매의 장대형 석재를 10cm 내외의 간격으로 나란히 놓고 그 주변을 원형으로 경계석을 둘렀다. 암반형은 자연암반을 원형 혹은 장구형으로 파내어 봉화구를 마련했다.

금강 유역은 또한 지하자원의 보고이다. 현재까지 160여 개소의 제철유적이 학계에 보고됐는데, 무주군 무풍면과 덕유산, 운장산 일원에 집중적으로 분포되어 있다. 가야와 백제, 신라의 유적과 유물이 공존하는 무주군은 제철유적의 밀집도가 월등히 높다. 우리나라에서 유일하게 동광석을 녹여 구리를 생산하던 진안군 동향면 대량리 제동유적도 금강 최상류에 위치한다. 앞으로 더 많은 제동유적이 발견될 것으로 큰 기대를 모으고 있다. 반파국이 가야 봉후(수)제를 운영할 수 있었던 국력의 원천도 금강 유역의 제철유적 및 제동유적에서 비롯된 것으로 추론했다.

전북 동부에서 가장 넓은 영역을 차지하고 있는 곳이 섬진강 유역으로, 이곳은 일제강점기부터 한 세기 동안 전북 남원시, 임실군 일대를 기문국으로 추정되어 왔다. 그러나 전북 남원시와 순창군, 전남 곡성군 일대에 마한의 지배층 무덤으로 밝혀진 40여 기의 분구묘가 보고됐지만, 가야 중대형 고총은 여전히 발견되지 않고 있다. 마한의 분구묘가 자취를 감춘 이후 남원시 대강면 사석리가 6세기 초까지 정치 중심지를 이루었다. 그러다가 6세기 초 중심지가 남원 사석리에서 이백면 초촌리·척문리 일대로 다시 이동한 것으로 밝혀져 마한부터 백제까지의 지속적인 발전 과정이 분묘유적으로 입증됐다.

섬진강 유역은 한성기 백제의 진출과 함께 백제 지방 통치 거점과 가야에서 돌아온 백제 백성의 쇄환지刷還之로 보았다. 기문국의 존재를 증명해 주는 가야 중대형 고총이 발견되지 않고 있는 상황에서 대부분 분묘유적에서 백제와 가야의 유물이 공존한다. 섬진강 상류에서 그 존재를 드러낸 20여 개소의 가야 봉화는 대부분 거칠고 조잡하게 쌓은 석축형과 토축형, 암반형이 공존하며, 관촌·임실·순창봉화로가 섬진강 상류를 동서로 가로질러 장수군 장계분지를 향한다. 현재까지 축적된 고고학 자료에 의하면 섬진강 유역은 문헌의 내용이 유적과 유물로 증명되지 않아 가야 정치체의 존재가 입증되지 않았음을 밝혀둔다.

지금까지 축적된 고고자료로 운봉고원의 가야 정치체를 기문국으로 비정했다. 이것은 마한 분구묘와 가야 고총 180여 기, 가야계 산성 및 봉화, 금동신발·수대경·계수호·철제초두 등 최고의 위세품, 목관에 사용된 꺽쇠 등을 그 근거로 삼은 것이다. 기문국의 위치 비정은 몇 가지 핵심 조건들이 반드시 충족되어야 한다. 문헌에 6세기 초까지 등장하기 때문에 가야 고총이 무리지어 있어야 하고, 백제와의 우호관계도 중요한 부분을 차지한다. 반파국과 국경을 맞댄 신라는 반파국으로부터 커다란 피해를 입었다.

백두대간 동쪽 운봉고원 내 아영분지와 지리산 일원(항공사진).

　　문헌에 실과 바늘처럼 함께 등장하는 봉화 왕국 반파국은 기문국을 지키기 위

해 봉화(후)제로 백제와 3년 전쟁을 치른 양국의 정략관계도 증명되어야 한다. 운봉

고원에 지역적인 기반을 둔 기문국은 유적과 유물, 즉 고고자료로 문헌의 핵심 내

용을 모두 충족시켰다. 기문국 비정은 역사고고학의 연구방법인 고고자료를 문헌

의 연구 성과에 접목시켜 이루어졌음을 밝혀둔다.

　　기문국의 가야 고총에서 최고의 위세품을 중심으로 토기류, 철기류, 장신구류

　　　　　　　　　　　　　　　　　　　　전북가야, 세상에 드러나다

등 동북아를 아우르는 유물이 나왔다. 더군다나 차양이 달린 복발형 투구와 역자형 철모, 무기류, 무구류, 농공구류 등 상당수 철제품이 기문국에서 직접 제작된 것으로 밝혀졌다. 6세기 중엽 경 전북 동부 철산지가 대부분 신라 영역에 편입되자 왜에서는 갑자기 철을 생산하기 시작한다. 철의 왕국 기문국의 발전을 이끈 제철집단이 당시 최고의 선진문물인 제철기술을 가지고 바다 건너 일본열도로 이주했을 개연성도 충분하다.

일본열도에서 오카야마 일대는 전통식 제철법과 이주식 제철법(타타라 제철법)이 공존하고, 한국식 산성의 존재가 확인되어 이목을 집중시켰다. 전북 동부 운봉고원에 지역적인 기반을 둔 철의 왕국 기문국은, 터키 히타이트를 출발해 중국을 거쳐 왜까지 이어진 아이언로드Iron-Road의 교량 역할을 담당했던 것이 아닌가 싶다. 한일 간 고대 철기문화 복원 프로젝트가 필요한 대목이다. 전북 동부에 가야 고총, 가야계 산성 및 봉화, 제철유적을 남긴 전북 가야사를 올곧게 복원하기 위해 지역 간 혹은 학제 간 융복합 연구가 시작됐으면 한다.

3장

동철서염東鐵西鹽의 무대,
전북

우리나라 전통지리학의 안내서 『산경표山經表』에 실린 15개의 산줄기 중 백두대간과 금남호남정맥, 금남정맥, 호남정맥 산줄기가 전북을 종횡한다. 전북은 금남정맥과 호남정맥이 동쪽 산간지대와 서쪽 평야지대로 갈라놓아 동고서저東高西低의 자연지형을 이룬다. 진안고원과 운봉고원이 동쪽에, 호남평야가 서쪽에 위치하고, 금강과 남강, 섬진강, 만경강, 동진강, 인천강이 전북을 넉넉하고 풍요롭게 적셔준다.

금강과 만경강, 동진강 물줄기가 바다에서 한몸을 이루는 곳에 군산도群山島가 위치한다. 우리나라와 중국을 잇는 연안항로와 횡단항로, 사단항로가 군산도를 경유하여 줄곧 해상교통의 교차로이자 기항지를 이루었다. 군산도를 중심으로 금강·만경강·동진강 하구를 새만금으로 설정했는데, 선사시대부터 내륙문화와 해양문화가 새만금에서 하나로 응축됐다. 새만금은 해양문물교류 허브로서 철기문화, 도자문화 등 선진문물이 바닷길로 전북에 곧장 전래되는데 큰 관문 역할을 전담했다.

전북가야, 세상에 드러나다

인류의 역사 발전에서 공헌도가 높은 것이 소금과 철이다. 한나라 무제武帝가 제정하여 시행한 소금과 철의 전매를 일목요연하게 정리한 것이 염철론鹽鐵論이다. 전북은 염철론의 큰 무대였다. 전북 서부지역에서는 소금이, 동부에서는 철이 생산됐는데, 여기에 바탕을 두고 전북지역을 동철서염東鐵西鹽으로 정리할 수 있다. 초기 철기시대부터 후백제까지 내내 전북에서 생산된 소금과 철이 전북에 지역적인 기반을 둔 마한·백제·가야·후백제가 발전하는데 크게 공헌을 했음을 알 수 있다.

기원전 202년 제나라 전횡田橫이 군산 어청도로 망명해 왔는데, 그를 모신 사당 치동묘淄東廟가 어청도에 있다. 여기서 치동묘는 제나라 도읍 임치臨淄 동쪽에 위치한 사당이라는 뜻이다. 충남 보령 외연도에도 전횡 장군 사당이 있는데, 해마다 음력 2월 14일 외연도 당제에서 풍어의 신으로 전횡을 제사지낸다. 새만금 방조제가 시작되는 군산 비응도에도 전횡을 모신 사당이 있었는데, 전횡이 쓴 것으로 전하는 칼이 사당에 모셔져 있었다고 한다.

중국 산동반도에 기반을 둔 제나라는 발해만의 소금생산과 태항산의 철산 개발에 근거를 두고 동염서철東鹽西鐵로 회자된다. 1975년 전북 혁신도시 내 완주 상림리에서 26점의 중국식 동검이 출토되었는데, 이는 중국 산동성 출토품과 매우 흡사했다. 그러나 완주 상림리 출토품이 국산 원료를 사용했다는 점에서 교역보다 망명객에 의해 제작된 것으로 추정된다. 중국식 동검은 제나라 전횡이 군산 어청도·비응도를 거쳐 바닷길로 전북혁신도시에 정착했음을 뒷받침해 주는 고고학적 증거물이다.

춘추 오패이자 전국 칠웅 중 최강국 제나라의 동염서철이 전북과 첫 인연을 맺은 것이다. 모두 네 번의 뗏목 탐험으로 한국 해양사를 개척한 윤명철 교수는 양 지역의 자연 필연성을 언급했는데, 일본 열도 남안을 흐르는 쿠로시오 해류를 이용

제나라 전횡을 모신 군산시 옥도면 어청도 치동묘.

하면 전횡의 어청도로 망명 개연성은 대단히 높다는 것이다. 중국 산동박물관과 산동대학교 박물관에서 전북 혁신도시 내 완주 상림리 출토품을 쏙 빼닮은 중국식 동검을 보면 놀라지 않을 수 없다.

제나라 전횡이 망명하고 8년 뒤 또 다른 왕이 전북으로 들어왔다. 기원전 194년 고조선古朝鮮 마지막 왕 준왕準王이 위만에게 나라를 빼앗긴 뒤 배를 타고 남쪽으로 내려와 새로운 땅을 찾았는데, 당시 준왕이 상륙한 곳이 나리포羅里浦라고 한다. 금강 하구 으뜸 포구 나리포 그 부근에 익산 입점리·웅포리 고분군이 있다. 군산시 나포면 나포리 공주산을 중심으로 어래산성과 도청산성, 관원산성, 용천산성

전북가야, 세상에 드러나다

에 준왕과 관련된 이야기가 많이 전해진다.

　예로부터 전하는 이야기에 따르면 준왕은 산을 넘어 익산에 가서 나라를 세웠는데, 당시 준왕의 딸 공주가 머물렀던 산을 공주산이라고 불렀고, 준왕이 공주를 데리러 왔다고 해서 공주산 앞쪽 산을 어래산이라고 부른다. 금강 하구 나리포로 내려 온 준왕은 익산시 일대에 최고의 청동문화를 꽃피웠다. 따라서 모악산과 미륵산 사이 만경강 유역 전북 혁신도시에 전횡 일행이, 익산시 일대에 고조선 준왕이 정착했던 것 같다.

　일본에서 농경의 신과 학문의 신, 의학의 신으로 추앙받고 있는 인물이 제나라 방사方士 서복徐福이다. 서복은 진시황의 명령을 받고 불로초를 구하기 위해 새만금, 제주도를 거쳐 일본에 정착했다. 진나라 서복의 불로초 탐사, 제나라 전횡의 망명, 고조선 멸망 이후 준왕의 남래南來로 당시 중국 및 고조선의 선진문물이 바닷길을 통해 곧장 만경강 유역으로 전래된 것으로 추정되며, 삼면이 바다로 열려있는 우리나라의 새만금 바닷길로 선진문물이 전래됐음을 알 수 있다.

　초기 철기시대 전북 혁신도시가 테크노밸리로 급성장하면서 급기야 만경강 유역이 새로운 초기 철기문화의 거점으로 급부상했다. 만경강 유역이 당시 테크노밸리로 융성할 수 있었던 것은 제나라 전횡의 망명, 고조선 준왕의 남래가 결정적인 영향을 미쳤을 것이다. 그리하여 만경강 유역에서 거친무늬거울[粗紋鏡]이 잔무늬거울[細紋鏡]로 바뀌었고, 전북 혁신도시에서 만든 잔무늬거울이 전국에 널리 유통된 것이 아닌가 싶다.

　우리나라에서 철기문화의 전래로 별안간 패총貝塚의 규모가 커진다. 고고학에서는 패총을 해양활동의 백미로 평가하고 있는데, 우리나라에서 학계에 보고된 600여 개소의 패총 중 200여 개소가 새만금 일대에 산재해 있다. 군산 개사동 패

금강 하구 오성산과 나리포 항공사진이다. 사진 우측이 금강 하구 둑이며, 좌측 상단부가 서해안 고속도로이다. 군산시 나포면 나리포 나리포는 금강 하구 거점 포구로 그 위쪽에 곰나루인 웅포와 익산 입점리 고분군이 자리한다. 금강 내륙 수로의 관문으로 일찍부터 교통의 중심지이자 전략상 요충지를 이루었다.

총은 패각의 분포 범위가 100m 이상으로 우리나라에서 최대 규모를 자랑한다. 새만금이 거미줄처럼 잘 구축된 교역네트워크로 해양문화를 융성시킨 해양세력이 존재했음을 유적과 유물로 입증되었다.

마한의 거점세력은 해양세력으로 알려졌는데, 마한의 말무덤과 패총의 밀집도가 가장 높은 곳이 새만금이다. 말무덤은 '말'이 '마馬'의 뜻으로 보고, 말은 머리 혹은 크다 뜻으로 우두머리에게 붙여진 관형사로, 그 피장자는 마한의 지배층으로 밝혀졌다. 엄밀히 말하면 말무덤은 마한의 왕 무덤이다. 새만금 해양문화가 융성할 수 있었던 것은 소금의 생산과 유통일 것이다. 당시의 소금 생산은 자염煮鹽이 아닌 토판천일염土板天日鹽으로 추측된다.

새만금을 중심으로 한 전북 서해안은 토판천일염과 관련하여 천혜의 자연환경을 갖추었다. 옛 환경을 복원해 보면 해발 7m 내외까지 바닷물이 드나들었던 것으로 추정되므로 그것이 사실이라면 익산 왕궁리 유적과 전북 혁신도시 부근까지 조수潮水가 유통됐음을 알 수 있다. 만일 간척 사업이 이루어지지 않았다면 바닷물이 빠지는 썰물 때 전북 서해는 거의 대부분 갯벌 밭이 된다. 그렇게 되면 흙으로 바닥을 다지고 바닷물을 가두어 놓고 햇볕과 바람으로 수분을 증발시키는 토판천일염이 충분하다.

전북 혁신도시에서 초기 철기문화의 시작은 경기도, 충청도보다 꽤 앞선다. 지금까지 큰 지지를 받았던 철기문화가 육로보다 바닷길로 곧장 전북으로 전래됐음을 말해준다. 전북 혁신도시 등 만경강 유역에 꽃피웠던 초기 철기문화가 동철서염의 기폭제가 되어 초기 철기시대 전북 혁신도시를 첨단산업단지로 일군 선진세력이 100년 뒤 이동을 감행했는데, 전북 동부에서 그 단서가 포착됐다. 장수군 천천면 남양리와 지리산 달궁계곡으로 모두 다 니켈 철광석 산지이다.

전북가야, 세상에 드러나다

전북혁신도시 내 완주 신풍유적에서 나온 유물들.

　　앞에서 언급했듯이 이 일대를 전북 장수군을 중심으로 한 7개 시군과 충남 금산군
에서 학계에 보고된 가야 봉화망을 근거로 '전북 가야'라고 새로운 이름을 지었다.
전북 가야는 가야의 지배자 무덤으로 알려진 가야 중대형 고총 420여 기, 횃불로
신호를 주고받던 120여 개소의 봉화로 상징된다. 삼국시대 봉화망으로 복원된 전
북 가야의 영역에서만 250여 개소의 제철유적이 학계에 보고됐는데, 이제 막 전북
동부 제철유적의 운영 시기와 운영 주체를 밝히기 위한 학술발굴이 시작됐다.

　　우리나라에서 철산지는 대부분 거점지역으로 발돋움했고, 삼국시대에 이르러
서는 고대국가를 출현시켰다. 전북 가야와 백제의 문물교류도 철의 생산과 유통이

▲ 운봉고원 내 남원 월산리 M1-A호 출토 무구류.

전북가야, 세상에 드러나다

가장 큰 비중을 차지했다. 운봉고원과 진안고원에서 가야와 백제, 신라가 국운을 걸고 제철유적을 차지하기 위해 치열하게 각축전을 펼쳐 삼국의 유적과 유물이 공존한다. 그럼에도 불구하고 아직은 제철유적을 대상으로 발굴이 거의 이루어지지 않아 학계의 관심을 받지 못하고 있다.

전북 가야의 정치 중심지는 운봉고원과 진안고원 내 장수군이다. 운봉고원에 지역적인 기반을 둔 가야 왕국 기문국己汶國은 4세기 후반 늦은 시기에 처음 등장해 6세기 초 이른 시기까지 존속했다. 백두대간 산줄기가 운봉고원을 난공불락의 요새지로 만들었고, 백제와 가야 문물교류의 큰 관문을 이루었다. 당시 대규모 철산개발과 거미줄처럼 잘 구축된 교역망을 통한 철의 생산과 유통이 기문국 발전의 화수분으로 작용했다. 운봉고원은 철광석의 제련부터 주조기술까지 하나로 응축된 철의 테크노밸리였다.

앞에서 언급했듯이 운봉고원 일대에 180여 기의 말무덤과 가야 중대형 고총, 금동신발金銅飾履·수대경獸帶鏡·계수호鷄首壺·철제초두鐵製鐎斗 등 위세품이 출토됨으로써 기문국의 존재를 파악할 수 있고, 백제를 비롯하여 대가야, 소가야, 아라가야 등이 운봉고원에서 생산된 최고의 니켈 철을 안정적으로 확보하기 위해 위세품과 토기류를 기문국으로 보냈다. 최고급 위세품과 최상급 토기류는 기문국이 역동적으로 펼친 철 물물교환의 증거물이다. 그러다가 6세기 초 이른 시기 백제의 가야 진출로 백제에 정치적으로 복속됐다.

백두대간 서쪽 금강 최상류 장수군에 지역적인 기반을 둔 반파국伴跛(叛波)國은 4세기 말 처음 등장해 가야 소국으로 성장하다가 6세기 초 백제에 의해 멸망했다. 반파국의 위치 비정과 관련하여 함양·운봉설, 고령설, 성주설 등이 더 있으나, 장수설의 경우만 유적과 유물로써 문헌의 내용을 유일하게 증명해 주었다. 가야사 국정과제로 10여 개소의 가야 봉화 학술발굴을 통해 그 운영 주체가 반파국으로 파악됐다.

가야 영역에서는 철기문화가 처음 시작된 장수 남양리가 반파국 영역에 위치한다. 반파국 영역에서 160여 개소의 제철유적도 그 존재를 드러냈다. 금남호 남정맥 산줄기가 백제의 동쪽 진출을 막았고, 사통팔달했던 교역망의 장악, 대규모 구리 및 철산개발이 반파국 국력의 원천으로 작용했다. 장수 노곡리·장계리·호덕리 말무덤, 즉 마한의 분구묘가 지속적인 발전 과정을 거쳐 240여 기의 가야 중대형 고총이 진안고원의 장수군에서만 발견됐다.

반파국 가야 고총에서 나온 단야구鍛冶具와 말편자는 철의 생산부터 가공 기술까지 담아낸 첨단기술의 집약체이다. 금강 최상류에서 가야 문화를 당당히 꽃피웠던 반파국은 200여 개소의 제철유적과 관련된 철의 왕국으로 추정되며, 전북 가야의 영역에 120개소의 봉화를 남긴 봉화 왕국이자 1500년 전 'ICT 왕국'이다. 동시에 백두대간 산줄기 서쪽 금강 최상류에서 가야 문화를 화려하게 꽃피웠던 유일한 가야 왕국이다. 중국 및 일본 문헌에 이름을 모두 올린 반파국은 참된 봉화 왕국이다.

전북 동부에서는 250여 개소의 제철유적이 그 존재를 드러냈다. 백두대간을 중심으로 운봉고원과 진안고원, 만경강 유역에 속한 완주군 동북부가 여기에 해당된다. 지금도 제철유적을 찾고 알리는 정밀 지표조사가 진행되고 있기 때문에 그 수가 더 늘어날 것으로 보인다. 동시에 반파국과 기문국은 백제 근초고왕의 남정南征 이후 가야 문화를 받아들여 가야 소국으로까지 발전했다는 점에서 서로 공통성을 보였다. 백두대간 품속 가야 소국들로 유적과 유물로 서로 돈독한 우호관계도 명약관화하게 고증됐다.

백두대간 동쪽 운봉고원에 큰 관심을 두었던 근초고왕과 무령왕, 무왕은 당시에 백제를 중흥으로 이끌었다. 무엇보다 익산이 무왕 때 백제의 거점으로 융성할 수 있었던 것은 운봉고원 대규모 철산지의 탈환이 주된 원동력으로 작용했을 개연성이 높다. 운봉고원 서북쪽 관문 아막성阿莫城에서 백제와 신라의 20여 년 전쟁은 한마디로 철의 전쟁이다. 실상사 철조여래좌상은 운봉고원의 철기문화와 유학승의 신앙심이 하나로 응축되어 탄생시킨 최고의 걸작품이다. 실상사 조개암지 편운화상승탑에 후백제 연호 정개正開도 전한다.

전북 가야의 멸망 이후 섬진강 유역에 속한 남원이 철의 집산지로 급부상했다. 남원은 당시 국가 차원의 철산개발로 사비기 백제 남방성이 남원 척문리·초촌리 일대에 들어섰고, 통일신라 때 남원경南原京으로 승격된 뒤 후백제까지 255년 동안 전북 동부의 위상을 최고로 주도했다. 전북의 '동철서염'을 국가시스템으로 완성한 후백제는 중국 청자의 고향 오월吳越과 반세기 동안 돈독한 국제외교를 펼쳤다. 진안 도통리 청자 요지 내 1호 벽돌가마는 선해무리굽과 중국식 해무리굽으로 상징되어 그 운영 주체를 후백제로 비정했다.

초기 철기시대부터 전북 가야를 거쳐 후백제까지 1000년 동안 연속적으로 이어진 전북의 동철서염이 전북을 줄곧 염철론의 거점으로 선도했다. 전북 가야와 백제가 동철서염의 밑바탕을 구축했고, 후백제 견(진)훤왕이 국가시스템으로 완성한 것이다. 전북의 유적에서 전북 가야와 백제, 후백제를 함께 만날 수 있는데, 처음 전북 가야와 백제가 터를 닦고 후백제가 다시 국력을 쏟아 중건했으며, 이는 후백제가 전북의 고대문화와 동철서염의 화룡점정畵龍點睛인 것이다. 전북의 고대문화는 동북아 문물교류 허브로서 역동성·다양성·국제성으로 웅변되는 전북의 자긍심이자 뿌리이자 값진 문화유산이다.

4장

전략상 요충지,
진안군

일제강점기부터 진안군 문화유적 분포 양상이 간헐적으로 알려지다가 진안군 문화유적 분포지도 제작이 완료되면서 보다 심층적으로 파악됐다. 1990년대 중반에는 진안 용담댐에서 가야계 문화유적의 존재가 처음 학계에 보고됐고, 그 성격을 밝히기 위한 발굴도 상당히 진행됐다. 1992년 착공해 2001년 준공된 우리나라에서 다섯 번째로 큰 다목적댐이다.

진안군 일대에 지역적인 기반을 두고 성장했던 토착세력의 발전과정을 이해할 수 있는 분묘유적과 관방유적, 통신유적, 생산유적 등의 분포 양상도 상세하게 파악됐다. 가야문화유산의 종류가 매우 다양하게 산재된 것은 진안군의 지역성이다. 진안군 일원에 20여 개소의 가야 봉화가 골고루 분포되어 전북 가야의 중심 영역을 이루었을 것으로 추정된다.

1994년 이른 봄 진안군 용담면 월계리 황산마을을 찾았다. 일단 50여 호 이상 되는 마을의 규모에 크게 놀랐고 어르신들의 친절함에서 큰 감동을 받았다. 이 마을 이장을 찾아뵙고 방문 목적을 설명하고 곧바로 마을 동쪽 밭으로 향했다. 온통 붉은색을 뽐내는 고운 황토를 보고 황산黃山이라는 마을 이름이 황토에서 유래됐다는 주민들의 설명에 저절로 머리가 숙여졌다. 밭둑에 쌓아둔 몇 개의 강돌을 보고 유적이 자리하고 있을 거라는 작은 바람을 가지고 유적의 존재 가능성을 세상에 알렸다.

1996년 군산대학교 박물관 발굴단에 의해 진안 황산리 고분군이 1500년의 긴 잠에서 깨어났다. 본래 삼천서원의 터로 알려진 남쪽 기슭 뽕나무 밭에서 가야 고분이 그 모습을 드러냈다. 모두 10여 기의 가야 고분은 밭 개간과 경작 활동으로 뚜껑돌과 벽석이 남아있지 않을 정도로 유적이 심하게 훼손됐지만 무덤에 넣어둔 유물은 그 자리를 굳게 지키고 있었다. 종래에 전북 동부에서 조사된 가야 고분들과 동일하게 등고선과 평행되게 장축 방향을 두어 가야세력이 진안군 일대로 진출했음을 넌지시 알렸다.

당시 가야 고분에서 나온 유물을 한데 모아 놓은 조사단은 모두의 눈을 의심케 했다. 목 부분에 물결무늬가 선명하게 시문된 가야토기를 중심으로 백제토기, 신라토기가 함께 섞여 있었기 때문이다. 가야토기는 그 시기가 가장 앞서는 것이 5세기 말 경으로 당시 용담댐 일대로의 가야세력의 진출을 가능케 한다.

충남 금산군과 진안군 일대로 가야세력이 진출할 수 있는 빌미는 백제가 제공했다. 475년 백제는 공주로 도읍을 옮긴 뒤 한동안 정치적 불안에 빠지자 당시 최전성기를 보내고 있었던 봉화 왕국 반파국이 용담댐 일대로 진출을 강행했던 것이다.

백제와 신라가 고구려의 남진을 막기 위해서 맺은 두 차례의 군사동맹이 나제동맹이다. 당시 백제와 나제동맹을 맺은 신라도 백제의 국난을 함께 나누지 않고 백두대간 덕산재를 넘어 대규모 철산지 무주군 일대를 장악했다. 전북 무주군 무풍

진안 용담댐 항공사진이다. 사진 중단부를 가로지르는 산자락 우측 가장자리에 진안 월계리 산성
이 있다. 이 산성 위쪽에 진안 황산리 고분군과 진안 와정토성이 자리하여 줄곧 교통의 중심지이
자 전략상 요충지를 이루었다. 사진 상단부 우측 산봉우리에 진안 지장산 봉화, 좌측에 진안 봉화
산 봉화가 자리한다.

백제 토성으로 밝혀진 진안군 용담면 월계리 와정토성.

면 금평리와 경북 김천시 대덕면 덕산리를 연결해 주던 큰 고갯길이 덕산재이다. 지금도 전북 무주와 경북 성주를 잇는 30번 국도가 덕산재를 넘는다.

　그만큼 철은 두 나라의 동맹을 무력화시킬 정도로 최상의 존재였다. 진안고원의 장수군에 지역적인 기반을 둔 반파국은 지하자원의 보고 완주군 동북부와 금산분지를 장악한 뒤 산성 및 봉화를 집중적으로 배치함으로써 반파국의 영역을 최대로 넓혔다. 여기서 그치지 않고 진안 황산리 2호분에서 고구려 토기가 출토되어, 당시 대전 일원까지 진출한 고구려와의 문물교류도 가늠할 수 있다.

　진안 용담댐 일대를 처음 장악한 나라는 백제였다. 진안 황산리에서 동쪽으로 200m 가량 떨어진 진안 와정토성이 유적과 유물로 뒷받침해 주었다. 진안 와정臥停

전북가야, 세상에 드러나다

토성은 누워서 머물다는 지명의 의미처럼 교역망의 관문이었다. 진안 용담댐 본댐에서 가장 가까운 와정마을에 백제 토성이 자리하고 있다는 사실이 알려진 것은 우연으로, 어릴 적 마을 부근의 산에 성城이 있었다는 이야기를 어른들로부터 들었던 마을 사람이 기억하고 그것을 제보해 주었기 때문이다.

진안 와정토성 발굴에서 백제토기가 유물의 절대량을 차지하고 일부 가야토기와 고구려 토기가 함께 섞여있었다. 진안 와정토성을 경유하는 당시 교역망으로 진안고원에서 생산된 철이 널리 유통됐음을 알 수 있다. 그러다가 반파국의 진출로 진안 와정토성이 문을 닫게 되었다. 모두 두 차례의 구제발굴에서 성벽에서 화재 흔적이 확인됐는데, 당시의 대규모 화재가 토성의 문을 닫는 원인이 됐고, 진안 와정토성을 폐성시킨 반파국은 진안군 용담면 월계리 성남마을 부근에 산성을 쌓아 이곳을 다시 전략상 요충지로 삼았다. 당시 금강이 백제와 반파국의 국경이었음을 알려준다.

진안 용담댐 건설로 나루터는 수몰됐지만 1980년대까지만 해도 나루를 이용해서 금강을 건넜다는 주민들의 이야기가 이를 증명해 주었다. 금강을 사이에 두고 진안군 용담면 월계리 성남마을과 안천면 삼락리 배목마을이 있다. 1980년대까지만 해도 금강의 폭이 200m 이상으로 워낙 넓어 양쪽 마을 사람들이 나루에서 배를 타고 강을 건넜다고 한다.

1500년 전 가야와 백제, 신라 등 삼국이 진안고원에 국력을 쏟았던 배경은 무엇일까? 한마디로 당시 국력의 원천으로 알려진 구리와 철 때문이다. 우리나라에서 유일하게 동광석을 녹여 구리를 생산하던 제동유적이 처음 조사된 곳이 진안군 동향면 대량리이다. 본래 구리고을이라는 지명처럼 초기철기시대부터 조선시대까지 지속적으로 구리를 생산해 진안군 위상을 최고로 높였다. 여기에 철광석을 녹여 철을 생산하던 30여 개소의 제철유적도 운장산 부근에서 발견됐다.

일상생활에 널리 쓰인 청동을 만드는데 꼭 필요한 구리는 녹는 온도가 낮아 일상생활에 널리 이용됐다. 그만큼 철 못지않게 인류의 역사 발전에 공헌도가 높은 것이 구리이다. 따라서 진안군 동향면 대량리 제동유적은 생산유적의 백미이다. 따라서 또 다른 제동유적을 찾기 위한 정밀 지표조사도 끊임없이 지속적으로 이어지고 있다.

2016년부터 군산대학교 가야문화연구소 주관으로 이루어진 두 차례의 발굴에서 2기의 제련로와 대규모 폐기장, 부속 건물지 등의 유구가 확인됐다. 본래 대량리 지명이 구랭이로 구리를 생산하던 마을이라는 의미가 담겨있다. 우리나라에서 동광석을 녹여 구리를 생산하던 제동유적은 진안군 동향면 대량리가 유일하나, 그 부근에 또 다른 제동유적이 더 자리하고 있을 개연성이 높다.

우리나라에서 철광석을 녹여 철을 생산하던 제철유적이 가장 많이 발견된 곳이 진안고원이다. 운장산과 장안산, 덕유산 등 진안고원에서 학계에 보고된 제철유적은 그 수가 150여 개소에 달한다. 진안고원에서 생산된 철이 널리 유통될 때 이를 국가에서 관할하기 위해 백제가 진안 와정토성을, 반파국이 진안 월계리 산성을 쌓았다. 따라서 가야 왕국 반파국과 백제의 역학관계를 한눈에 살필 수 있는 곳이 진안고원인 것이다.

삼국시대 철이 유통되던 옛길이 그물조직처럼 잘 갖춰져 진안고원을 교역망의 허브로 키웠으니, 전북 동부에서 생산된 철이 널리 유통되던 교역망으로써 '아이언 네트워크Iron Network'였던 셈이다. 백두대간 덕산재·월성치·육십령·치재를 넘는 옛길이 진안 용담댐에서 하나로 합쳐치니, 진안 와정토성과 월계리 산성이 지속적으로 당시 교역망을 통제하거나 관장했음을 알 수 있다.

전북가야, 세상에 드러나다

그리하여 진안군 일대에서 가야와 백제, 신라의 유적과 유물이 함께 존재하는 것이다. 여기에 고구려 토기까지 더해져 우리나라에서 유일하게 4개국의 유물이 학계에 보고된 곳이 진안군이다. 따라서 삼국시대 때 진안군은 문화의 용광로였다. 세력집단이 금강과 만경강, 섬진강, 남강, 황강 유역에서 기반을 서로 교류하려면 대부분 진안군을 경유해야 했기 때문이다.

특히, 진안군의 동부에서 큰 비중을 차지하고 있는 것이 가야 봉화이다. 1500년 전 ICT로 평가 받고 있는 가야 봉화는 반파국의 국력과 영역을 잘 대변해 준다. 진안군 용담면 옥거리 봉화산 봉화를 중심으로 20여 개소의 가야 봉화가 진안군에서 학계에 보고됐다. 삼국시대 가야 봉화들로 전북 완주군, 충남 금산군에서 시작된 세 갈래의 봉화로가 진안군을 가로질러 최종 종착지 장수군 장계분지까지 선상으로 이어지므로, 결국 진안군은 세 갈래의 봉화로가 통과하는 경유지이다.

진안 용담댐 일원이 한눈에 잘 조망되는 망바위 정상부에 가야 봉화가 위치해 있다. 망바위 정상부를 평탄하게 다듬어 봉화시설이 마련됐는데, 그 평면 형태는 원형으로 불에 그을린 몇 매의 할석이 노출되어 있다. 진안 망바위 봉화로 날씨가 쾌청하면 진안고원 일원이 대부분 시야에 들어온다. 한마디로 진안고원의 레이더 기지와 같은 곳으로, 진안 와정토성과 황산리 고분군, 진안 월계리 산성 등이 그 부근에 위치해 역사적인 의미를 더해 준다.

금남정맥 작은 싸리재 동쪽 성재봉 정상부에 진안 태평 봉화가 있다. 장방형 봉화대는 그 크기가 다른 판석형 할석을 가지고 수직으로 쌓았으며, 봉화대 정상부로 오르는 계단이 남쪽에 마련되어 있다. 2000년대 초 물결무늬가 시문된 가야토기편 등 삼국시대 토기편이 봉화대 정상부에서 상당량 수습되어, 가야 봉화의 운영 주체가 반파국으로 밝혀졌다. 1977년 12월 31일 전라북도기념물 제36호로 지정

진안고원 북쪽 관문 진안 태평 봉화(항공사진).

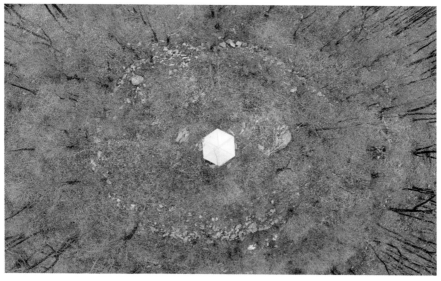

진안 봉암리 봉우재봉 봉화(항공사진).

전북가야, 세상에 드러나다

됐고, 1990년대 진안군에서 지금의 형상으로 정비 복원했다.

섬진강 유역에도 한 갈래의 진안 봉화로가 진안군을 동서로 가로지른다. 마령면 소재지 서북쪽 산봉우리에 진안 서비산 봉화가 있다. 다른 봉화대들과 달리 자연 암반을 평탄하게 다듬어 봉화대를 마련했는데, 그 중앙에 불을 피우던 발화구가 장구 모양으로 움푹 패어 있다. 발화구는 앞쪽이 방형이고 뒤쪽이 원형을 이룬다. 불이 잘 붙도록 앞쪽이 깊고 뒤쪽이 낮다.

진안 봉우재·봉우재봉 봉화는 봉화의 존재와 그 역사성을 지명에 담아, 다시금 '지명은 역사다'라는 격언을 떠 올리게 한다. 안타깝게 정천면 봉학리 봉화, 상전면 수동리 봉화는 1970년대 헬기장을 조성하면서 유적이 통째로 사라졌으나, 선사시대부터 지속적으로 교통의 중심지이자 전략상 요충지를 이룬 곳이 금강과 섬진강을 함께 거느린 진안군이다.

우리나라의 남부지방 심장부에 위치한 진안군은 철광석, 동광석 등 무궁무진한 광물자원의 보고로 삼국시대 때 물류의 집산지를 이루었다. 475년 백제가 웅진으로 도읍을 옮긴 뒤 꽤 오랫동안 정치적인 불안에 빠지자 이를 틈타 봉화왕국 반파국이 진안군 일대로 진출함으로써 반파국과 첫 인연을 맺은 것이다. 다시 강조하자면 진안고원 내 진안군은 선사시대부터 줄곧 교역망의 허브이자 전북 가야의 국가산업단지였다. 전북 가야와 진안군의 상호관계를 밝히기 위해 제철유적과 통신유적을 대상으로 학술발굴과 융합 연구가 추진됐으면 한다.

5장

신라와 반파국의 각축장, 무주군

전북 동북부 진안고원에 무주군이 위치한다. 전북과 충북, 경북 경계를 이룬 삼도봉에서 시작해 석기봉과 민주지산을 지나 서북쪽으로 뻗은 산줄기가 충북 영동군과 경계를 이룬다. 백두대간 산줄기가 경북 김천시와 경남 거창군의 경계를 이루고 있으며, 금강을 사이에 두고 전북 진안군과 충남 금산군이 마주하고, 지형이 완만한 전북 장수군과는 동일한 문화권 및 생활권을 형성한다. 무주군은 대부분 산간지대로 무주읍과 무풍면, 안성면 일대에 천혜의 자연분지가 발달해 있다.

무주군에는 가야와 백제, 신라의 유적과 유물이 공존한다. 백제가 공주로 도읍을 옮긴 뒤 한동안 정치적 불안에 빠지자 봉화 왕국 반파국과 신라가 무주군 일대로 진출한다. 무주 봉화산을 경유하던 한 갈래의 봉화로가 무주군 서쪽을 남북으로 종단한다. 문헌에 반파국과 신라가 서로 적대적 관계였던 것으로 등장하는데, 당시 무주군 일대 철산지를 차지하기 위한 철의 전쟁으로 추측되며, 무주군에서 봉

5세기 말 백두대간을 넘어 무주군으로 신라의 진출을 알려준 신라토기들.

화로가 통과하는 일부 지역만 전북 가야의 영역에 포함시켰다.

삼국시대 백제와 신라의 국경이 나제통문에서 형성됐다. 일제강점기 석모산 암벽을 뚫어 만든 나제통문은 무주군 설천면 소천리에 자리한다. 삼국시대 백제와 신라의 국경을 형성했다고 전해지며, 지금도 양쪽의 언어와 풍습이 다르다. 나제통문을 중심으로 서쪽은 백제의 적천현赤川縣, 동쪽은 신라의 무산현茂山縣으로, 조선시대 양쪽 지역을 하나로 합쳐서 무주현茂朱縣이라고 했다. 백제와 신라의 사신들이 64년 동안 오갔던 웅진기 사행로使行路도 나제통문 부근을 통과했다.

2019년 군산대학교 가야문화연구소 주관으로 무주군 제철유적을 찾고 알리는 정밀 지표조사가 마무리됐다. 무주군 일대에서 제철유적이 그 존재를 드러냈는데, 지금까지 발견된 제철유적은 그 수가 50여 개소에 달한다. 백두대간 달암재 북쪽 기슭에서 발원하여 서북쪽으로 흐르는 월음령계곡과 덕유산 동쪽 구천동계곡에 제철유적이 조밀하게 무리지어 있다. 덕유산 구천동계곡과 월음령계곡은 진정한

백제와 신라, 반파국 등 삼국의 국경선인 금강과 남대천.

'철의 계곡'이 아닌가 싶다.

　　덕유산 향적봉香積峰 동쪽 기슭에서 발원하는 구천동계곡은 백련사 부근에서 그 방향을 틀어 계속해서 북쪽으로 흐른다. 백련사 위쪽은 재자골로 불리는데, 현지조사 때 재자골과 구천동계곡에서 10여 개소의 제철유적이 발견됐다. 백련사와 오수자굴 사이 반달모양 자연 분지로 구천동계곡을 따라 슬래그(광석으로부터 금속을 빼내고 남은 찌꺼기) 분포 범위가 200m 내외이다. 구천동계곡에서 비교적 넓은 평탄지에 제철유적이 입지를 두었는데, 그 주변에는 철광석을 채광하던 채석장이 위치한다. 당시 제련로를 만드는데 필요한 양질의 흙에 자생하는 것으로 알려진 산

전북가야, 세상에 드러나다

죽도 군락지를 이룬다.

백두대간 달암재 서북쪽 월음령계곡에도 10여 개소의 제철유적이 무리지어 있다. 무주군과 거창군을 이어주던 옛길이 통과하던 달암재의 '달達' 자에는 제철유적을 암시하는 뜻이 숨어있다. 달암재 북쪽 기슭에서 시작해 월음령계곡을 따라 서북쪽으로 흘러온 물줄기는 신대휴게소 부근에서 구천동계곡으로 들어간다. 월음령계곡 양쪽 계곡에 제철유적이 밀집 분포되어 있는데, 전북 동부에서 그 밀집도가 월등히 높다.

무주군 무풍면 삼거리 일대에서도 제철유적이 상당수 발견됐다. 백두대간 빼재의 북쪽 기슭에서 발원하는 모도막골과 여러 갈래의 산골짜기마다 제철유적이 자리한다. 무주군 설천면에서 경남 고제면으로 넘어가려면 대부분 넘어야 했던 백두대간 빼재는 신풍령 혹은 수령으로도 불린다. 이 고개를 빼재라고 부르게 된 것은 삼국시대 전략상 요충지여서 수많은 전사자가 생겨 죽은 사람의 뼈를 묻었다는 이야기에서 전해진다. 덕유산 일대 제철유적을 차지하기 위한 당시 철의 전쟁을 암시하는 시그널이다.

덕유산德裕山은 예로부터 덕이 많아 넉넉한 산 혹은 너그러운 산으로 불린다. 과연 덕유산의 잠재력은 어디서 나왔을까? 백두대간 백암봉에서 중봉을 지나 북쪽으로 1.6km 가량 떨어진 곳에 최고봉 향적봉이 위치한다. 덕유산 향적봉에 오르면 북으로 적상산을 가까이 두고 멀리 계룡산, 서쪽으로 운장산과 대둔산, 남쪽으로 지리산, 동쪽으로 가야산이 보인다. 백련사에서 나제통문까지 33경으로 유명한 최고의 절경지로 1975년 오대산과 함께 10번째 국립공원으로 지정됐다.

덕유산 동쪽 구천동은 그 지명의 유래에서 두 가지 이야기가 전해진다. 하나는 옛날 덕유산에서 9천여 명의 성불공자成佛功者가 살았다 하여 구천동이라고 불렀

슬래그가 산더미처럼 쌓인 무주군 설천면 삼공리 구천동 제철유적.

고, 다른 하나는 구씨具氏와 천씨千氏가 살며 집안싸움을 하는 것을 어사 박문수가 해결하여 구천동具千洞이라 불리다가 지금의 구천동九千洞으로 바뀌었다는 것이다.

어느 이야기와 더 깊은 관련이 있는가를 단언할 수 없지만 덕유산 일대에 절이 많았던 것은 분명하다. 덕유산 국립공원 관리사무소에 근무하는 황종선 어르신은 덕유산 일대에 절터가 적지 않다고 제보해 주었다. 아직은 덕유산 절터를 담는 학술조사가 논의되지 않았지만, 향후 절터와 제철유적을 찾는 지표조사만이라도 시작됐으면 한다.

백련사는 통일신라 신문왕 때 백련선사가 초암을 짓고 수도하던 중 흰 연꽃이 피어나 토굴을 처음 지었다고 한다. 고려 때는 14개의 암자를 거느렸고, 조선 중기에는 부휴, 정관, 벽암, 매월당 등 명승들이 백련사를 거쳐 갔다고 하며, 1960년대 본래의 절터에서 얼마간 떨어진 지금의 자리에 중창됐다. 아직까지 덕유산 일대 절터를 찾는 한 차례의 지표조사도 이루어지지 않아 다른 절터는 대부분 베일 속에 드리워져 있다.

고려 때 14개의 암자를 거느리고 9천여 명의 불자들이 생활할 수 있었던 힘은

전북가야, 세상에 드러나다

과연 어디에서 나왔을까? 절 혹은 승려에게 돈이나 음식을 보시하는 시주의 본바탕은 무엇이었을까? 아마도 요사이 덕유산 일대에서 그 존재를 드러내기 시작한 제철유적이 시주의 근원이 아니었을까? 흔히 철광석을 녹여 철을 생산하던 제철유적은 경제의 백미이자 국력의 원천으로 고고학에서 단연코 으뜸 생산유적으로 손꼽힌다. 덕유산은 지붕 없는 제철유적 박물관이다.

무주읍은 백제 적천현으로 통일신라 때 단천현丹川縣이라 하다가 고려시대 주계현朱溪縣으로 그 이름을 고쳤다. 우리말로 쇳물이라는 철의 의미가 담긴 지명을 1500년 동안 끊임없이 잇달아 지켜왔다. 무풍면은 신라의 무산현으로 통일신라 때 무풍현茂豐縣으로 이름이 바뀌었는데, 그 지명 속에 샹그릴라와 같은 풍요로움이 녹아있다.

이른바 덕유산과 구천동, 달암재, 적천, 단천, 주계, 무산, 무풍 등은 당시 제철유적이 만들어낸 지명들로 짐작된다. 무주군은 철의 순도가 월등히 높은 철광석 산지로 새롭게 밝혀졌다. 덕유산, 향적봉, 달암재, 빼재 등 최고의 지명들은 철광석을 녹여 철을 생산하던 제철유적이 탄생시켰을 것으로 짐작되며, 지명으로 제철유적의 존재를 수놓았음을 알 수 있다.

덕유산 향적봉으로 상징되는 무주군은 말 그대로 철이다. 가야 왕국 반파국과 신라의 적대관계와 14개 암자에서 9천여 명의 불자들이 신앙생활을 수행하는데 필요한 시주의 근원은 철 생산과 무관하지 않을 것이다. 백련사를 제외하면 다른 절터는 아직도 그 위치를 파악하지 못하고 있으나 하나의 산에 14개의 암자를 함께 거느린 것은 극히 이례적이다.

6장
백제와 전북가야의 국경, 완주군

        2018년 완주군 지표조사에서 산성 및 봉화, 제철유적이 무더기로 발견됐다. 완주군은 전북 동부에서 단일 지역 내 관방유적과 통신 유적의 밀집도가 가장 높다. 완주군 동북부 일대에 산성 및 봉화가 집중적으로 배치된 것은 반파국과 백제가 국경을 마주했던 역사적인 배경에서 기인한다. 완주군 고산면·경천면·비봉면·화산면·동상면·운주면이 여기에 해당된다.

    1500년 전 반파국이 완주군 동북부 일대로 진출하여 백제와의 국경을 형성했음을 말해주며, 이는 금강과 만경강 분수령이자 전북과 충남 행정 경계를 이룬 금만정맥이 여기에 해당된다. 지금도 금만정맥에 의해 남쪽의 전북 완주군과 북쪽의 충남 논산시가 갈라져 있으며, 완주 봉수대산 봉화 등 20여 개소의 가야 봉화에 근거를 두고 완주군 동북부 일대를 전북 가야의 영역에 포함시켰다.

    금만정맥은 금남정맥 금만봉에서 시작해 왕사봉을 거쳐 불명산과 천호산, 미륵산, 함라산, 최종 종착지 장계산까지 이어진다. 『산경표』에 실린 15개의 산줄기에는

우리나라에서 단야구가 가장 많이 나온 완주 상운리 유적의 철기유물들.

등장하지 않지만 진짜 금남정맥으로 보아야 한다는 반론도 있다. 전북과 충남 행정 경계를 이룬 금만정맥 산줄기를 따라 산성 및 봉화가 집중적으로 배치되어 학계의 이목을 집중시켰다.

2017년 삼국시대 가야 봉화가 완주군 운주면 고당리 탄현 봉화로 숯고개 서쪽 산봉우리에 그 실체를 온전하게 드러냈다. 충남 부여, 논산 일대에서 금남정맥을 넘어 진안고원과 금산분지 방면으로 향하는 세 갈래의 교통로가 교차하는 전략상 요충지에 완주 탄현 봉화가 있다. 완주군 고당리 삼거리 마을 북쪽에 위치한 고개로 탄현炭峴으로도 불린다. 이 산봉우리 정상부에 두께가 얇은 판석형 할석만을 가지

완주 신포 유적에서 나온 철기유물 모음.

고 석축을 쌓았는데, 석축은 그 평면 형태가 원형으로 상단부가 하단부보다 좁다.

전주문화유산연구원에서 주관한 발굴을 통해 반파국이 처음 터를 닦고 백제가 원형의 보루를 다시 쌓은 것으로 밝혀졌다. 이곳은 『동국여지승람東國輿地勝覽』, 『문헌비고文獻備考』, 『대동지지大東地志』 등 문헌에 자주 등장하는 완주 용계산성龍溪山城 동쪽 산봉우리 정상부에 위치한다. 완주 용계산성은 옛날 고속도로가 통과하던 길목에 그 터를 잡았으며, 봉화 왕국 반파국과 백제를 함께 만날 수 있는 전략상 요충지이다.

진안고원의 북쪽 관문 완주 용계산성을 사이에 두고 탄현 봉화 서쪽에 완주 불명산 봉화가 있다. 불명산佛明山은 극락이라는 의미가 담긴 불교 용어로 그 서쪽 기슭 중단부에 완주 화암사가 있다. 우리나라에서 유일한 하앙식下昂式 구조로 유명한 화암사 극락전이 천년 역사를 간직한 화암사의 본전으로, 2011년 국보 제316호

전북가야, 세상에 드러나다

로 지정됐다.

하앙식은 처마의 무게를 받치는 부재를 하나 더 바깥에 설치하여 지렛대의 원리로 일반 구조보다 처마를 훨씬 길게 내밀 수 있게 한 구조이다. 불명산 산봉우리 정상부에 판석형 할석을 가지고 쌓은 장방형 봉화대가 있는데, 봉화대 동벽 중앙에는 봉화대로 오르는 계단이 있다. 자연 암반을 파내 마련된 계단을 보고 있노라면 큰 감탄이 밀려온다.

봉화대는 산을 찾은 사람들이 돌탑을 쌓으면서 얼마간 훼손됐지만 그 동남쪽에 불을 피우던 봉화시설이 남아있다. 봉화대의 봉화시설은 중앙에 2매의 장대형 석재를 나란히 놓고 그 사방을 원형으로 둘렀다. 현지조사 때 봉화대로 오르는 계단에서 승석문이 희미하게 시문된 적갈색 연질토기편이 수습됐다. 이 봉화의 남쪽에는 전주를 출발하여 완주 용계산성, 금산 백령산성을 거쳐 문경 방면으로 향하는 옛길이 통과하던 용계재가 있다. 용계재는 왕이 넘던 고갯길로 그 주인공이 견(진)훤왕으로 추정된다. 봉림사, 봉실산, 비봉산 등 봉鳳자가 들어간 지명도 견(진)훤왕과 관련이 깊을 것으로 추측된다.

완주 불명산 봉화에서 서쪽으로 4km 거리를 두고 완주 용복리 산성이 있다. 만수산성으로도 불리는 곳으로 산성 내 양쪽에 봉화시설이 잘 남아있다. 불명산 봉화대와 비슷하게 판석형 할석을 가지고 성벽을 쌓았는데, 성벽이 심하게 무너진 서벽과 북벽을 제외하면 그 보존상태가 비교적 양호하다. 산성 내 동쪽과 서쪽 양쪽에 배치된 봉화시설에서 그 실체를 드러낸 곳도 축조기법이 다른 봉화들과 서로 비슷하다. 1970년대 전주교대 최근무 교수가 봉화의 존재와 그 역사성을 학계에 알린 바 있다.

완주 용복리 산성 서쪽에는 각시봉 봉화가 있다. 지금부터 50여 년 전 각시봉

전북에서 처음 기념물로 지정된 완주군 운주면 금당리 탄현 봉화 발굴 후 모습이다.

에 올라 돌로 쌓은 석축을 봤던 기억을 되살려 그 사실을 제보해 줌으로써 가야 봉화가 세상에 알려지게 됐다. 경천저수지 북쪽에 우뚝 솟은 각시봉 정상부에 봉화대가 있는데, 장방형 봉화대의 축조기법과 평면형태, 봉화시설의 위치 등이 완주 탄현·불명산 봉화대를 쏙 빼닮았다. 봉화대 북벽 중앙에는 등봉시설이, 봉화대 동남쪽에는 불을 피우던 시설이 양호하게 남아있다. 동시에 완주군 일원에 집중 배치된 10여 개소의 가야 봉화가 한눈에 잘 조망된다.

완주군 화산면 소재지 북쪽 산봉우리 정상부에는 고성산성이 있다. 산성의 평면형태와 성벽의 축조기법, 봉화시설 등의 특징이 위에서 설명한 용복리 산성과 흡사하다. 현지조사 때 유물이 발견되지 않아 상당한 의구심을 자아냈는데, 오래전부터 미완성의 성과 관련된 이야기가 전해온다. 반파국이 완주군 동북부로 진출하여 산

전북가야, 세상에 드러나다

성을 쌓다가 성을 완공하지 못해 성산 앞에 '옛 고古'가 붙은 것이 아닌가 싶다.

고성산성은 금만정맥 말목재, 소룡고개 등 여러 갈래의 옛길이 하나로 합쳐지는 곳에 위치한다. 아직은 한 차례의 발굴도 이루어지지 않아 산성의 성격을 단정할 수 없지만 반파국이 완주군 동북부 일대로 진출하여 쌓았으나, 그 운영 기간이 그다지 길지 않을 것으로 추정된다.

전북 완주군과 충남 논산시 경계에 위치한 완주 천호산성·성태봉 산성에서도 봉화시설이 남아있다. 전자는 산성의 서쪽 성벽을 두 겹으로 쌓았는데, 반파국이 처음 터를 닦은 뒤, 사비기 백제가 바깥 성벽을 덧댄 것으로 보인다. 후자는 산봉우리 정상부에 봉화시설을 배치하고 그 주변을 성벽으로 둘렀다. 여러 갈래의 내륙교통로가 하나로 합쳐지는 경천면 소재지 남쪽 옥녀봉에 자리한 종리산성에서도 봉화시설이 발견됐다.

완주 종리산성의 봉화시설은 두 매의 장대형 석재를 10cm 간격으로 나란히 놓았다. 장방형 석재와 그 주변이 붉게 산화되어 가야 봉화가 얼마간 이용됐음을 알 수 있다. 삼국시대 산성 및 봉화의 분포양상을 근거로 전북과 충남의 경계를 이룬 금만정맥에서 잠깐 동안 반파국과 백제의 국경이 형성됐을 것으로 추측된다.

전북 가야와 관련된 유물도 완주군에서 나왔다. 장수군 장계분지로 향하는 옛 길과 만경강 내륙수로가 교차하는 완주 배매산성·구억리 산성에서 가야토기편이 출토됐는데, 만경강 유역에 잘 구축된 교역망을 전북 가야가 이용했음을 유물로 보여주었다. 완주군 동북부 일대로 반파국의 진출이 철산개발 혹은 철의 유통과 관련이 깊을 것으로 짐작된다.

아직도 가야 봉화를 제외하면 완주군 일원에서 또 다른 가야계 유적이 더 이상 발견되지 않았다. 반파국이 완주군 동북부 일대로 진출했지만 그 존속 기간이 너

완주군 경천면 가천리 불명산 봉화 봉화대 서벽.

완주 불명산 봉화 불을 피우던 봉화 시설 모습.

전북가야, 세상에 드러나다

무 짧아 가야의 분묘유적이 발견될 가능성은 높지 않다. 완주군 동북부 일대에 반파국이 영향력을 미친 것은 한 세대를 넘지 않았던 것 같다.

가야의 철기를 상징하는 판상철부는 유적에 따라 큰 차이를 보였다. 완주 상운리에서는 단야도구와 판상철부가 함께 나왔는데, 전북 동부에서 생산된 철이 이곳에서 다시 2차 가공됐음을 알려준다. 완주 상운리에서 20세트의 단야구가 나왔는데, 우리나라의 단일 유적에서 나온 단야구 중 가장 많은 양을 차지한다. 단야구류는 망치와 집게, 줄, 철착, 쐐기, 모루, 톱 등으로 구성되어 있다.

완주 신포·장포에서는 판상철부 등 철기류가 다량으로 나와 만경강 내륙수로를 이용하여 철이 널리 교역됐음을 알 수 있다. 전북 동부에서 생산된 철의 가공과 교역을 이끌던 철의 장인집단이 완주군 일원에 존재했던 것 같다. 따라서 완주군은 전북 가야의 '아이언 벨트Iron Belt'가 최종 완성된 곳이 아닌가 싶다. 초기 철기시대 전북혁신도시에 철기문화가 바닷길로 전래된 뒤 후백제까지 천년 동안 철의 생산과 유통이 빚어낸 역사적 산물이다.

2018년부터 전북 가야의 봉화 및 산성, 제철유적의 실체를 밝히기 위한 학술발굴이 본격 시작됐다. 향후 완주군 일대 동부를 역사교육의 장과 관광자원으로 활용하기 위한 보존대책 및 정비방안도 조속히 마련됐으면 한다. 완주 불명산 봉화 등 20여 개소의 가야 봉화는 모두 석축형으로 그 보존상태가 매우 좋다.

7장

전북가야 교역망의 허브,
임실군

　　　　　　　　　　　　　　금남호남정맥 팔공산 서북쪽 데미샘에서 섬
진강이 발원하고, 데미샘은 진안군 백운면 신암리 원심암마을 위쪽 천상데미의 상
추막이골에 자리한다. 천상데미의 '천상天上'은 하늘을 오른다는 뜻이며, '데미'는
'더미'의 전라도 방언으로, 그 뜻은 물건이 한데 쌓인 큰 덩어리를 의미한다. 따라서
'천상데미'는 '하늘을 오르는 봉우리'를 의미한다.

　　전북 동부에서 대부분을 차지하는 섬진강 유역은 백두대간과 금남호남정맥, 호
남정맥이 자연 경계를 이룬다. 일찍부터 섬진강이 제공하는 풍부한 물로 농경문화
가 발달했고, 섬진강의 내륙수로로 문물교류도 활발하게 이루어졌다. 삼국시대 때
는 전북 가야가 백제와 등을 맞댄 국경이자 완충지대로서 문화상으로 점이지대漸
移地帶를 이루었다. 점이지대란 서로 다른 지리적 특성을 가진 두 지역 사이에서 중
간적인 현상을 나타내는 지역을 의미한다.

　　섬진강 유역에서 교역망의 허브를 담당했던 곳이 임실 월평리 산성이다. 오래전

부터 삼한시대 옛 성터로 학계에 보고됐음에도 불구하고 그다지 각광을 받지 못했다. 이 산성은 전주와 남원을 잇는 17번 국도변에 위치하며, 성수산에서 발원해 잇따라 서쪽으로 흐르다가 그 방향을 남쪽으로 꺾는 오수천 동쪽 산봉우리에 있다. 성수면 월평리 성밑마을이 산성의 존재와 그 중요성을 세상에 알렸다.

임실 월평리 산성은 세 갈래의 산자락 사이에 형성된 두개의 계곡을 아우르는 포곡식이다. 산봉우리를 중심으로 남쪽 두 개의 골짜기 구간을 제외하면 성벽은 대부분 산자락의 정상부를 통과한다. 성돌은 깬돌을 장방형으로 거칠게 다듬어 쌓았는데, 성돌과 성돌 사이는 소형 깬돌과 기와편으로 메꾸었다. 성벽은 허튼층쌓기로 남쪽이 대부분 석성 구간을 이루고 있으며, 다른 구간은 산봉우리의 가파른 지형을 그대로 살린 토성 혼축성이다.

그런가 하면 월평리 산성은 섬진강 유역의 심장부에 위치해 교역망의 허브 역할을 전담했다. 2018년 군산대학교 가야문화연구소 주관으로 이루어진 학술발굴에서 삼국시대부터 조선시대까지의 토기편과 기와편, 자기편이 다량으로 쏟아져 천년 이상 산성이 운영됐음을 유물로 증명했다. 무엇보다 백제와 후백제 유물이 대부분을 차지했는데, 섬진강 유역으로 진출하는데 백제의 교두보이자 후백제 도읍인 전주의 남쪽 관문이었음을 알 수 있다.

여기서 그치지 않고 산성은 전북 동부에 그물조직처럼 잘 갖춰진 여러 갈래의 교역망이 하나로 합쳐지는 곳이다. 한성기 백제에 의해 축성된 진안 와정토성을 경유하여 진안고원을 종단하는 한성기 간선교통로와 만경강 유역에서 호남정맥의 슬치를 넘어 온 웅진기 간선교통로가 이곳에서 만난다. 백두대간 치재를 넘어 운봉고원을 거쳐 경상도로 향하는 간선교통로와 호남정맥 가는정이를 넘어 동진강 하구 가야포加耶浦까지 이어진 내륙교통로가 나뉘는 분기점이다.

섬진강 최상류 오원천 항공사진이다. 사진 좌측이 순천 완주 고속도로이다. 섬진강을 중심으로 위쪽에 임실 방현리 산성과 아래쪽에 임실 성미산성이 배치되어 있다. 방미산과 성미산, 공수봉, 방수리, 방현, 막동 등의 지명을 근거로 한 동안 백제와 반파국의 국경이 섬진강에서 형성됐음을 유추해 볼 수 있다.

호남정맥 못지않게 사람들의 왕래가 많았던 곳이 가는정이다. 호남정맥 묵방산과 성옥산 사이 고갯마루로 섬진강에서 동진강 유역으로 나아갈 때 반드시 거쳐야 하는 큰 고갯길이다. 일찍부터 사람들의 왕래가 많아 선사시대부터 삼국시대까지 문화유적이 가는정이 부근에 조밀하게 분포되어 있고, 동시에 동진강 하구 가야포까지 이어진 내륙교통로가 통과하는 길목으로 선사시대부터 줄곧 교통의 중심지를 이룬 곳이다.

조선 철종 8년(1857)에 만든 「동여도」에 가야포가 표기되어 있다. 「동여도」는 조선 말기의 지리학자 김정호(1804~1866)가 「대동여지도」를 나뭇조각에 새기기 위해 먼저 붓으로 그린 전국지도이다. 우리나라의 옛 지도 중 가장 많은 인문지리의 정보가 수록되어 있다. 지명은 그 지역의 특유의 성질과 지역성을 함께 담고 있다. 옛 지도에 가야포가 새만금 동쪽 동진강 하구에 표기된 것은 해양문물교류로서의 새만금의 역사적 위치를 알려주는 것이다.

1864년 김정호가 지은 『대동지지』 부안현 산수조에도 가야포가 등장한다. 『대동지지』는 전국 지리지이자 역사지리서로 김정호가 편찬한 32권 15책의 필사본이다. 가야포는 동진강 본류와 지류를 따라 잘 갖춰진 내륙수로의 종착지로 동진강 하구 부안군 계화면 궁안리宮安里 용화동마을 부근에 위치한다. 서해 연안항로의 기항지이자 해양제사를 지낸 부안 죽막동 제사유적에서 위쪽으로 20km 가량 떨어진 곳이다. 1960년대까지만 해도 동진강 하구에 50여 개소의 크고 작은 포구가 있었다고 한다.

475년 가라왕 하지가 중국 남제에 사신을 파견했는데, 당시 사신단이 이용했던 국제 교역항이 가야포로 추측된다. 전북 동부에서 철의 왕국으로 융성했던 기문국과 반파국이 철을 생산하는 과정에 불순물을 제거하기 위해 제련로에 넣었던 굴이

전북가야, 세상에 드러나다

임실 봉화산 토축형 봉화시설 발굴 후 모습.

나 조개껍질을 가야포에서 조달했을 가능성도 충분하다. 전북가야 영역에서 그 존재를 드러낸 250여 개소의 제철유적에서 철을 생산할 때 굴이나 조개껍질은 반드시 필요한 첨가제인 것이다.

　가야포는 통일신라 때 중국 당나라에 설치됐던 신라방처럼 가야 사람들의 집단 거주지 혹은 국제 교역항으로 판단되며, 선사시대부터 줄곧 새만금을 무대로 화려하게 꽃피웠던 전북 해양문화의 역동성과 국제성을 일목요연하게 보여주는 곳이기도 하다. 호남평야에서 생산된 풍부한 물산이 한데 모이는 집산지로 전북 서해안에서 패총의 밀집도가 월등히 높은 곳이며, 또한 우리나라에서 해양문화가 융성했던 곳으로 부안 궁안리 토성 등 관방유적이 집중 배치되어 있다.

삼국시대 때 임실군이 속한 섬진강 유역의 가장 두드러진 특징은 가야문화와 백제문화가 공존한다는 사실이다. 섬진강 유역에서는 가야토기가 일색을 이루지 못하고 백제토기와 섞여 있거나 지역색이 강한 가야토기도 서로 뒤섞여 나타난다. 그리하여 섬진강 유역에 지역적인 기반을 둔 토착세력의 실체와 전북 가야와의 관련성을 밝히는데 어려움도 적지 않다. 아무래도 삼국시대 문화유적을 대상으로 발굴이 미진한 것과 관련이 깊다.

그럼에도 불구하고 일제강점기 가야 왕국 상기문이, 임실군 임실읍에 하기문이 장수군 번암면 일대에 있었다는 주장이 널리 통용되고 있다. 그러나 섬진강 유역을 대상으로 한 세기 동안 학술조사가 활발하게 추진됐음에도 불구하고 여전히 가야 소국의 존재를 고고학적으로 증명하지 못하고 있다. 다시 말해 문헌에 자주 등장하는 기문국의 존재를 증명해 주는 가야 지배자의 무덤이 발견되지 않고 있다는 것이다.

임실군 임실읍 금성리 고분군에서 나온 유개장경호.

임실 금성리 고분군에서 나온 살포.

1972년 임실읍 금성리 화성마을 동남쪽 산에서 사방공사를 실시하는 과정에 가야토기, 백제토기가 섞인 상태로 나왔다. 당시 3기의 무덤이 그 모습을 드러냈는데, 오래전 유적이 심하게 훼손되어 무덤의 구조를 상세하게 파악하지 못했지만 일단 가야의 수혈식 석곽묘로 보고됐다. 2017년에는 방형의 도랑을 두른 마한의 분구묘가 더 조사됐지만 가야의 수장층 무덤으로 알려진 가야의 중대형 고총은 여전히 발견되지 않고 있다.

2010년 청웅면 석두리에서 수혈식 석곽

전북가야, 세상에 드러나다

묘가 더 조사되어 큰 관심을 끌었다. 임실 구고리 산성에서 서남쪽으로 길게 뻗어내린 산자락 정상부로 2기의 봉토분이 조사됐다. 오래 전 도굴로 유물의 출토량은 많지 않았지만 가야토기와 백제토기가 섞인 상태로 토기류와 철기류, 장신구류가 나왔다. 임실 석두리 1호분 내 3호 석곽

임실 성미산성 1호 집수시설 발굴 후 모습.

에서는 10여 점의 철못이 나와 섬진강 유역 가야 묘제만의 지역성이 다시 입증됐다. 수혈식 석곽묘에서 철못이 출토된 것은 섬진강 유역의 두드러진 특징이다.

임실군에서는 10여 개소의 가야 봉화가 발견되어 임실군을 전북 가야의 영역에 포함시켰다. 240여 기의 가야 고총이 학계에 보고된 장수군 장계분지에서 시작된 한 갈래의 봉화로가 임실군을 동서로 가로지른다. 임실 봉화산 봉화를 경유하여 호남정맥 경각산에서 멈춘다. 동진강 하구 가야포에서 출발해 장수군 장계분지까지 이어진 옛길을 따라 선상으로 이어진다. 삼국시대 교통의 중심지이자 전략상 요충지로서 임실군의 위상을 가야 봉화의 존재로 이해할 수 있다.

삼국시대 임실군의 교통망을 장악했던 세력집단은 당시의 패권을 차지한 뒤 그 영향력을 강하게 행사했던 것 같다. 임실군 북쪽 관문 호남정맥 슬치 부근과 오수천을 따라 산성 및 봉화가 집중적으로 배치되어, 봉화 왕국 반파국이 섬진강 유역으로 진출하여 잠깐 동안 백제와 국경을 맞댄 당시의 역사적 사실을 증명해 주었다. 임실 월평리 산성을 중심으로 사통팔달했던 교통망이 잘 갖춰져 임실군이 전북 가야 교역망의 허브였음을 알 수 있다.

8장

전북가야 서쪽 국경선,
순창군

순창군은 『산경표』의 고향으로 호남지방을 가로지르는 호남정맥이 서쪽을 병풍처럼 감싸주고 섬진강이 북쪽에서 남쪽으로 흐른다. 이제까지의 지표조사에서 가야계 문화유적은 섬진강을 중심으로 동쪽 동계면에서만 확인됐고, 순창군의 대부분을 차지하는 섬진강 서쪽에서는 발견되지 않았다. 섬진강이 전북 가야의 서쪽 경계로 밝혀져 순창군 동계면만 전북 가야의 영역에 포함시켰던 것이다.

1980년대 후반 순창 동계중고교 향토관에서 우연히 가야토기를 보고 깜짝 놀랐다. 가야토기의 문양을 상징하는 물결무늬가 선명하게 새겨진 가야토기가 진열장에 전시되어 있었다. 당시 학교 관계자가 동계면 현포리 연산마을 동쪽 밭에서 출토된 것을 마을 주민들이 학교에 기증했다고 설명해 주었다. 가야토기가 나온 구릉지를 둘러보고 가야 고분이 자리하고 있다는 사실을 확인했지만, 지금까지 한 차례의 학술조사도 이루어지지 않아 안타깝다.

전북가야, 세상에 드러나다

2013년 순창군 동계면 구미리에서 가야 고분이 그 모습을 드러냈다. 섬진강이 남쪽으로 흐르면서 동쪽에 만들어 놓은 비교적 넓은 충적지에 위치한다. 당시 순창군 동계면과 적성면을 연결하는 도로공사 구역에 포함된 일부 구역만을 대상으로 이루어진 발굴에서 널무덤·독무덤·돌방무덤 각각 한기씩, 23기의 돌덧널무덤이 조사됐다. 마한 혹은 백제 무덤들로 섬진강 동쪽 평탄한 들판에 입지를 두어 학계의 시선을 집중시켰다.

순창 구미리에서 그 실체를 드러낸 한 기의 가야 고분은 백제 고분과 직교되게 동서로 장축 방향을 두었다. 유물은 토기류와 철기류가 대부분을 차지하고 금동제 귀걸이, 가락바퀴도 포함되어 있었다. 무덤의 주인공이 생전에 쓰던 생활용기로 마한계, 백제계 유물이 절대량을 차지하고 19호분에서 나온 가야토기편이 일부 섞여 있었다. 섬진강 유역으로 전북 가야의 진출을 유물로 입증했지만, 전북 가야의 존속 기간은 길지 않았을 것으로 판단된다. 모두 20여 기의 삼국시대 무덤 중 가야 고분은 한 기에 불과하다.

순창읍 교성리 생활유적에서도 가야토기가 더 나왔다. 모두 11기의 집자리가 그 형상을 드러냈는데, 집자리는 마한부터 백제까지의 특징이 공존한다. 모든 집자리는 그 평면 형태가 방형으로 4개의 기둥구멍과 부뚜막 시설이 확인됐다. 유물은 마한계와 백제계가 대부분을 차지하고 그릇받침 등 가야토기가 일부 포함되어 있었다. 당시 순창군을 중심으로 거미줄처럼 잘 갖춰진 교역망으로 마한과 백제, 전북 가야가 활발하게 교류했음을 보여주었다.

순창군 동계면 신흥마을 북쪽에 합미성이 있다. 오수천을 따라 10여 개소의 산성이 집중적으로 배치되어 있는데, 옛길의 인후지지咽喉之地(목구멍과 같은곳이라는 뜻으로, 매우 중요한 길목을 이름)에 위치한다. 2018년 현지조사 때 두 겹의 성벽과 동

쪽 산봉우리 정상부에서 봉화시설과 석축 시설이 발견됐다. 성벽은 마치 방형 혹은 장방형으로 잘 다듬은 성돌로 쌓은 외벽과 그 크기가 일정하지 않은 깬돌로 쌓은 내벽이 확인됐다. 반파국이 산성의 터를 처음 닦은 뒤 후백제가 전주를 지키기 위해 다시 쌓은 것으로 추정된다.

지금까지 순창 군민들로부터 가장 큰 사랑을 받았던 곳이 대모산성이다. 홀어머니산성이라고도 불리는데, 백제가 처음 산성의 터를 닦고 후백제와 고려, 조선까

순창군 적성면 채계산 봉화 및 남쪽 기슭 주거 공간 모습.

지 운영된 것으로 밝혀졌다. 여러 차례의 발굴에서 삼국시대부터 조선시대까지의 유물이 다량으로 쏟아졌지만, 가야 유물은 출토되지 않았다. 섬진강 유역으로 진출했던 봉화 왕국 반파국이 섬진강을 건너 순창읍 일대로까지 진출하지 못했음을 말해준다.

순창군에서도 5개소의 가야 봉화가 학계에 보고됐다. 임실 봉화산 봉화에서 시작해 오수천을 따라 서남쪽으로 이어지다가 유등면 오교리 산성에서 끝난다. 동계

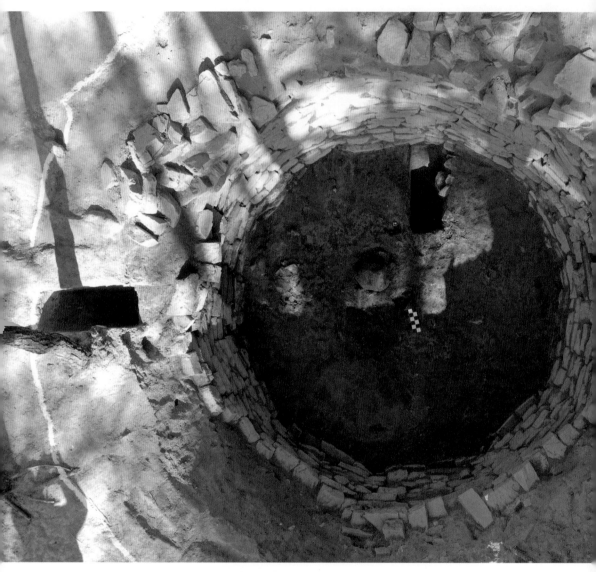

순창군 동계면 신흥리 합미성 집수시설로 그 평면형태가 원형을 이룬다.

전북가야, 세상에 드러나다

면 신흥리 합미성 서쪽에 현포리 말무재 봉화가 있는데, 이 봉화를 중심으로 서북쪽에 적성면 석산리 생이봉 봉화, 서남쪽에 채계산·오교리 봉화가 있다. 다른 지역의 가야 봉화들과 달리 장방형 봉화대 및 산성의 성벽 축조기법이 몹시 조잡하여 급히 쌓았을 것으로 추측된다.

전주와 순창을 이어주는 27번 국도가 통과하는 노령에서 동쪽에서 3km 떨어진 곳에 생이봉이 있다. 순창군 적성면 석산리와 인계면 심초리, 임실군 덕치면 천담리 경계로 그 동쪽에 새목재가 있다. 섬진강 서쪽 벌동산과 두류봉 사이 산봉우리로 그 정상부에는 봉화시설과 유구의 성격이 파악되지 않은 석축시설이 남아있다. 섬진강 유역에서 학계에 보고된 다른 봉화들과 마찬가지로 아주 조잡하고 거칠게 쌓아 두드러진 특징을 보인다.

순창군 적성면 고원리 원촌마을 주민들 제보로 채계산 봉화가 세상에 알려졌다. 채계산은 섬진강을 따라 수만 권의 책을 켜켜이 쌓아 놓은 형상을 닮아 붙여진 이름으로 화산華山으로도 불린다. 지금부터 60여 년 전 채계산 정상부에서 사람의 무릎 높이까지 쌓은 석축 시설을 보았다고 주민들이 설명해 주었다. 현지조사 때 화산에서 동북쪽으로 450m 떨어진 정상부에서 자연 암반을 장방형으로 파낸 뒤 지형이 낮은 남쪽에서 석축 시설이 확인됐는데, 본래 봉화대로 추정된다. 봉화대의 남쪽 기슭에는 암반층을 상당히 넓게 파내어

순창 신흥리 합미성 집수시설 북쪽 벽석.

마련된 봉화군의 생활공간도 자리하고 있다.

　순창군 유등면 오교리와 적성면 지북리 경계에 오교리 산성이 있다. 섬진강 서쪽 산봉우리에 위치한 곳으로 산성의 평면 형태는 동쪽이 길고 서쪽이 짧은 사다리꼴 모양이다. 성벽은 크기가 일정하지 않은 할석을 가지고 조잡하게 쌓았는데 대부분 무너져 내렸다. 산성 내 가장 높은 서쪽 산봉우리 정상부에서 봉화시설이 발견됐는데, 그 봉화시설은 그 평면 형태가 원형을 이루고, 오수천을 따라 동서로 이어진 순창 봉화로의 출발지로 추정된다.

전북가야, 세상에 드러나다

『일본서기』에 가야 소국 반파국이 백제와 3년 전쟁을 치르면서 산성 및 봉화를 축조했던 것으로 등장한다. 514년 반파국이 자탄子吞, 대사帶沙에 성을 쌓고 봉화를 설치한 것으로 문헌에 기록되어 있다. 영산강 유역에 기반을 둔 마한세력이 전북 가야와 경제 교류하려면 대부분 순창 봉화로가 통과하는 오수천을 따라 이어진 옛 길을 이용해야 한다. 순창 오교리 산성 부근의 태자·월탄·화탄마을은 그 지명 속에 문헌의 내용이 담겨있지 않을까 싶다.

2018년 순창군 쌍치면 학선리에서 제철유적이 그 존재를 드러냈는데, 그곳은 호남정맥 국사봉 서북쪽 기슭 말단부 숭어실마을 입구에 위치한다. 현지조사 때 학선리 오룡마을에서 숭어실마을로 이어진 농로를 따라가면 다리를 건너 왼쪽 계단식 논이 여기에 해당된다. 오래전 철광석을 녹여 철을 생산하는 과정 중 제련로에서 뿜어낸 슬래그가 폭 넓게 흩어져 있는데, 봉분에서 토기편과 청자편, 분청사기편, 백자편 등이 수습됐다.

삼국시대 때 순창군은 마한, 백제 문화유적이 대부분을 차지하고 있으며, 섬진강 동쪽 동계면에서 가야계 산성 및 봉화, 무덤이 일부 확인됐다. 475년 공주로 도읍을 옮긴 백제가 거의 반세기 동안 정치적 불안에 빠졌을 때 반파국이 순창군 동쪽 섬진강까지 진출했음을 말해준다. 반파국이 순창 합미성·오교리 산성을 축성한 뒤 산성 내에 봉화시설을 배치했을 것으로 추측된다. 1500년 전 순창군으로 반파국의 진출과 그 존속 기간을 밝히기 위한 학술발굴이 절실히 요망된다.

9장 ————————————————

봉화망을 복원하다

주지하다시피 봉화는 국가의 존재와 영역, 그리고 국력을 가장 솔직히 대변해 준다. 이제까지 삼국시대 가야 봉화대가 유일무이하게 학계에 보고된 곳이 전북 동부이다. 전북 가야의 영역도 봉화망에 그 근거를 두었다. 우리나라 봉화의 요람지이자 ICT(Information & Communication Technology) 왕국이 전북 가야이다. 1,500년 전 전북 가야는 한마디로 첨단과학의 요람이었다.

우리나라 통신 유적의 백미로 알려진 조선시대 봉수는 대부분 거대하고 정형성을 띤다. 그러나 전북 동부에서 발견된 가야 봉화대는 시원형으로 그 규모가 작다. 1,000년 동안 전북 동부 삼국시대 가야 봉화대가 발달하여 조선시대 봉수를 탄생시킨 것이다. 이제까지 전북 동부에서 가야 봉화대를 찾고 알리는 프로젝트는 문헌조사와 면담조사, 현지조사, 추가조사 등 네 단계로 진행됐다.

우선 문헌조사는 문헌과 학계의 연구 성과를 정리 분석하는 단계이다. 우리나라 봉수제는 1149년 조진약의 상소로 처음 시행되어 문헌의 기록이 풍부하고 다양하다. 그러나 전북 동부 가야 봉화대는 반파국이 513년부터 백제와 3년 전쟁을 치를 때 봉후(화)를 운영했다는 기록이 전부이다. 다만 봉화산과 봉수대산, 봉우재봉, 봉화골, 봉화봉 등의 지명이 그 존재 개연성을 보여주고 있다.

다음으로 현지 주민들을 만나 이야기를 듣고 정리하는 면담조사이다. 우리나라에서 단일 지역 내 봉화산의 수가 가장 많은 곳이 전북 동부이다. 고려와 조선시대 봉수제와 전혀 관련이 없는 지역임에도 불구하고 봉화산이 가장 밀집된 것은 가야 봉화대의 존재를 반증해 준다. 아이러니하게도 1500년 전 봉화대 이야기가 구전으로 전해져 봉화대를 찾는데 큰 힘이 됐다.

현지조사는 모든 지표조사에서 가장 중요한 조사이다. 문헌 및 면담조사의 내용을 면밀히 정리 분석한 뒤 몸소 유적을 찾는 과정이다. 아직까지 우리나라에서 전북 동부를 제외하면 가야 봉화대가 학계에 보고되지 않았다. 따라서 전북 동부에서 한 개소의 가야 봉화대를 찾는 현지조사는 끝없는 탐험의 연속이다. 지금까지 120여 개소의 가야 봉화대를 찾아 세상에 알리는데 30년 이상의 시간이 걸렸다.

추가조사는 가야 봉화대 찾기 지표조사에서 화룡점정과 같다. 조선시대 봉수는 최전성기에 만들어져 그 규모가 거대해 추가조사가 거의 필요치 않다. 그러나 삼국시대 가야 봉화대는 규모도 작고 정형성을 띠지 않아 대부분 추가조사를 실시해야 한다. 진안 서비산 봉화대는 세 차례의 추가조사를 더 실시한 뒤 그 존재를 학계에 알렸다. 어떻게 보면 삼국시대 가야 봉화대를 알리는 것은 고고학자의 모험과 열정의 성과물이다.

아무리 최선을 다해 지표조사를 실시했더라도 가야 봉화로 최종 결정짓는 것은 발굴에 의존할 수밖에 없다. 다행히 남원 봉화산, 장수 영취산·원수봉·삼봉리·봉

화산·침곡리, 완주 탄현, 임실 봉화산·호암봉, 순창 채계산·생이봉 봉화가 발굴을 통해 가야 봉화로 밝혀졌다. 장수군 내 가야계 분묘유적 출토품과 상통하는 6세기를 전후한 시기의 가야토기만 나왔다. 다시 말해 고려청자와 조선백자, 옹기는 나오지 않았다.

2021년 드디어 장수 봉화봉 봉화의 실체가 일목요연하게 파악됐다. 금남호남정맥 팔공산에서 갈라진 천황지맥에 봉화봉이 있는데, 이곳에서는 섬진강 유역이 잘 조망된다. 봉화봉 정상부를 평탄하게 다듬고 길이 800cm의 방형 봉화대가 배치

전북가야, 세상에 드러나다

되어 있는데, 동쪽과 서쪽 기슭은 흙과 돌을 섞어 쌓아올렸다. 봉화대는 화강암을 상당히 두껍게 다듬어 위쪽으로 올라가면서 약간 내경 되게 쌓고 벽석과 벽석 사이는 작은 깬돌 조각으로 메꾸었다.

봉화 대 정상부에는 불을 피우던 봉화시설이 마련됐는데, 그 바닥에서 숯이 검출됐다. 북벽에 붙은 상태로 두 개의 기둥자리가 확인됐는데, 봉화대 위로 오르는 계단시설과 관련된 기둥자리로 추정된다. 봉화대를 중심으로 남쪽과 북쪽 평탄지에서 봉화군이 머

백두대간 큰 고갯길 육십령 표지석.

물던 주거공간이 확인됐고, 북쪽에서는 불을 일으키는 데 쓰인 부싯돌이 수습됐다. 봉화대와 주거공간에서 밀집파상문이 희미하게 시문된 반파국에서 만든 가야 토기편만 출토됐다.

지금까지 밝혀진 가야 봉화대는 크게 세 가지 유형으로 나뉜다. 하나는 석축형으로 대부분 깬돌로 봉화대를 만들었는데, 봉화대 벽석의 축조기법은 처음에 성기고 조잡하다가 후대에 판석형 할석으로 정교하게 쌓았다. 다른 하나는 암반형으로 자연 암반을 평탄하게 다듬고 불을 피우기 위한 원형 혹은 전원 후방형 봉화구를 다시 파냈다. 또 다른 하나는 토축형으로 흙을 쌓아 봉화대를 만들고 불을 피우던 봉화시설을 두었다. 봉화대의 축조기법이 서로 다른 것은 축조 시기를 말해준다. 석

전북 동부 여덟 갈래 봉화로 최종 종작지 장수군 장계분지(항공사진).

축형이 가장 앞서고 암반형과 토축형이 늦다. 만경강 유역 가야 봉화대는 대부분 석축형으로 그 축조기법도 가장 정교하다.

　　한편 웅진 천도 이후 백제가 한동안 혼란에 빠지자 반파국이 전북 진안군과 충남 금산군 일대로 진출하여 가야 봉화망을 구축했다. 석축형 봉화대는 대부분 흑운모 편마암으로 쌓았는데, 장수군 봉화대보다 더 정교하게 벽석을 축조했다. 봉화산과 봉화골, 봉우재, 봉우재봉 등의 지명으로 봉화의 존재를 알렸다. 진안 봉우재봉 등 국경선 혹은 전략상 요충지에 배치된 봉화는 테뫼식 성벽을 둘렀다.

　　반파국은 최전성기에 금남정맥 산줄기를 넘어 만경강 유역으로 진출했던 것 같다. 완주군 동북부에 집중 배치된 봉화대는 완주 운암산 봉화대를 제외하면 모두

　　　　　　　　　　　　　　　　　전북가야, 세상에 드러나다

흑운모 편마암으로 쌓았다. 석축형 봉화대의 벽석은 두께가 얇은 할석을 가지고 쌓고 벽석과 벽석 사이에는 소형 할석으로 메꾸었다. 완주 용복리·운제리·종리·천호산성 등 성벽에 봉화시설을 배치하여 강한 지역성을 보였다. 완주군 동북부는 가야 봉화와 산성이 세트를 이룬다.

섬진강 유역 봉화대는 대부분 거칠고 조잡하게 쌓았다. 자연 암반을 평탄하게 다듬은 진안 서비산과 순창 채개산 봉화대를 제외하면 대부분 흙으로 만든 토축형이 대부분을 차지한다. 임실 봉화산 학술발굴에서 영정주와 함께 남쪽 기슭에서 봉화군이 생활하던 주거공간도 확인됐다. 임실 치마산과 순창 생이봉에서 석축형 봉화대도 일부 확인됐지만 그 축조기법 역시 대단히 거칠다. 이와 같이 문헌의 내용을 가야 봉화대가 뒷받침해 준 것이다.

1500년 전 반파국이 전국에 통신망을 구축할 수 있었던 국력은 어디서 나왔을까? 당시 국력의 원천은 철이다. 모든 가야의 영역에서 철기문화가 처음 시작된 곳이 장수군 천천면 남양리 유적이다. 장수군은 또한 철광석을 녹여 철을 생산하던 가장 많은 제철유적으로 학계에 보고됐다. 반파국 등 전북 가야의 영역에서만 학계에 보고된 제철유적은 250여 개소에 달한다. 반파국이 철의 생산과 유통으로 부국강병을 이룩한 뒤 전국에 가야 봉화망을 구축했을 것으로 추정된다. 반파국의 가야 봉화와 제철유적은 서로 나눌 수 없는 불가분의 관계가 아닌가 싶다.

10장

백제 복속과 멸망

　　　　　　　　　　전북 가야가 언제 백제에 정치적으로 복속
됐는지는 알 수 없다. 다만 전북 가야를 이끈 기문국, 반파국이 백제와의 문물교류
에서 서로 뚜렷한 차이를 보였다. 기문국은 가야 고총에서 백제의 횡혈식 석실분이
수용됐고, 백제왕이 보낸 으뜸 위세품도 적지 않게 출토됐다. 그러나 반파국의 경
우는 가야 소국 중 유일하게 백제와의 교류가 유적과 유물로 증명되지 않고 있다.

　　1989년 남원 유곡리와 두락리 고분군 내 가야 고총에서 백제 묘제가 확인됐
다. 남원 유곡리와 두락리 36호분은 운봉고원 내 아영분지 한복판까지 뻗은 산줄
기 남쪽 기슭 하단부에 위치한다. 봉분은 남북으로 약간 긴 장타원형으로 남북 길
이 21m이며, 봉분의 가장자리에서는 호석시설이 확인되지 않았다. 마한의 분구묘
에서 비롯된 기문국의 묘제가 이윽고 백제로 바뀐 것이다.

　　봉분의 중앙에는 남북길이 300cm, 동서폭 240cm, 높이 280cm 크기의 장방
형 석실이 마련됐다. 봉분의 중앙부에 축조된 석실은 아래쪽이 수직에 가깝고 그 위

　　　　　　　　　　　　　　　　　전북가야, 세상에 드러나다

남원 청계리 1호분 발굴 후 모습으로 봉분의 평면형태가 사다리모양이다.

로 올라가면서 네 벽석을 같은 비율로 좁혀 1매의 개석으로 덮었다. 석실의 바닥에는 판상석을 이용하여 관대시설을 마련하고 벽면과 천정, 관대시설에는 회를 두텁게 발랐다. 가야 영역에서 학계에 보고된 백제계 횡혈식 석실분 중 그 규모가 가장 크다.

연도는 석실의 서벽을 그대로 연장시켜 연도의 서벽을 이루어 서쪽에 편재됐고, 석실에서 시작된 배수시설이 연도를 통과한다. 연도와 석실의 경계에 1매의 문비석이 약간 옮겨진 상태로 비스듬히 놓여있다. 연도의 길이가 382cm로 상당히 긴 것은 수혈식에서 횡혈식으로 넘어가는 과도기적인 단계의 양상이다. 연도의 위치와 길이를 제외하면 유구의 속성은 대체로 공주 송산리 3호분과 상통한다.

결국 가야 고총의 내부 구조는 백제의 영향력이 한층 더 높게 강화되면서 6세기 전반기의 이른 시기 수혈식에서 횡구식 및 횡혈식으로 바뀐다. 공주 송산리 3호분은 6세기 초 이른 시기로 편년되고 있기 때문에 백제계 횡혈식 석실분이 기문국을 거쳐 가야 영역에 확산됐을 것으로 추측된다. 이로써 기문국은 백제의 선진문

남원 청계리 고분군 1호분 매장주체부 모습.

물이 가야로 전파되는데 줄곧 관문 역할을 담당했던 것으로 추정할 수 있다.

　　남원 유곡리와 두락리 고분군 내 가야 고총의 내부구조가 백제 묘제로 바뀐 것은 기문국이 백제에 정치적으로 복속됐음을 말해준다. 남원 두락리 36호분에서 2~3인분의 인골이 수습됐는데, 554년 옥천 관산성 전투 이후 신라 영역에 편입된 운봉고원에서 6세기 중엽 경까지 장례 행위가 지속됐기 때문이다. 여기서 가야 고총의 구조는 묘제를, 신라의 단각고배는 장제를 의미한다.

　　남원 임리에서도 백제 묘제가 확인됐다. 백두대간 고남산에서 동남쪽으로 뻗은 산줄기 정상부에 봉분의 직경이 15m 내외되는 40여 기의 가야 중대형 고총이 대거 분포되어 있다. 남원 임리 1호분은 봉토의 중앙에 주석곽이 배치됐고, 그 동북쪽에 2기의 순장곽이 둘러싼 다곽식이다. 주석곽은 산줄기와 평행되게 남북으로 장축 방향을 두었으며, 무덤의 구조는 출입구가 남쪽에 마련된 횡구식이다.

전북가야, 세상에 드러나다

장수 삼고리 고분군에서 나온 백제토기들.

주석곽의 내부구조가 수혈식에서 횡구식으로 바뀌었고, 유구의 장축 방향에서도 백제묘제의 관련성이 확인됐다. 백두대간 산줄기 동쪽, 즉 가야의 영역에서 백제묘제가 가장 일찍 수용된 곳이 운봉고원이다. 그만큼 기문국은 백제의 선진문물이 가야 영역으로 확산되는데 큰 대문의 역할을 책임지고 맡았기 때문이다. 동시에 기문국과 백제의 정략적 관계를 암시해 준다.

그러나 반파국은 가야의 분묘유적에서 백제의 묘제가 확인되지 않았다. 그리고 가야토기가 처음 출현하는 4세기 말부터 6세기 초까지 백제토기도 거의 출토되지 않았다. 그러다가 6세기 초를 전후한 시기부터 삼족토기 등 백제토기가 본격적으로 등장한다. 가야의 수장층 분묘유적에서 백제 묘제가 확인되지 않은 것은 반파국이 유일하며, 당시 양국이 서로 적대적인 관계였음을 엿볼 수 있다.

『일본서기』계체기에 의하면, 백제는 513년부터 3년 동안 기문, 대사를 두고 가

야 왕국인 반파伴跛(叛波)국과 갈등관계에 빠진다. 백제 무령왕은 가야 왕국 반파국과의 3년 전쟁에서 승리한 뒤 기문국을 복속시켰다. 운봉고원 일대가 6세기 전반 무령왕 때 백제에 정치적으로 편입됨으로써 철의 왕국 기문국이 521년 이후부터는 더 이상 문헌에 등장하지 않는다.

운봉고원에 속한 남원시 아영면 일대리는 장수군 장수읍 대성리·식천리, 번암면 교통리와 함께 각섬석암角閃石巖 산지이다. 1971년 공주 무령왕릉에서 나온 석수(국보 제126호)와 지석(국보 제163호)의 재질이 각섬석암으로 밝혀졌다. 충남 공주 부근에 각섬석암 산지가 없기 때문에 무령왕 때 백제에 정치적으로 복속된 운봉고원의 기문국에서 조달됐을 개연성도 배제할 수 없을 것 같다.

『삼국유사』 6가야조에 전북 가야가 이름을 올리지 못했다. 『삼국유사』에 등장

전북가야, 세상에 드러나다

남원 유곡리와 두락리 36호분 동벽.

하는 금관가야와 대가야, 소가야 등 6가야는 562년 신라에 멸망할 무렵 영남지방에 존속했던 가야 왕국들이다. 운봉고원의 기문국과 진안고원의 반파국은 이미 백제에 복속됐기 때문에 『삼국유사』에 초대를 받지 못한 것이다. 백제는 반파국과의 3년 전쟁에서 승리함으로써 기문국을 복속시킨 뒤 곧이어 봉화 왕국 반파국까지 멸망시켰다.

철의 왕국 기문국과 봉화 왕국 반파국을 복속시킨 백제는 다시 부흥할 수 있는 굳건한 토대를 마련했고, 성왕 때는 한강 유역의 수복과 함께 사비로 천도할 수 있는 경제적인 토대도 구축됐다. 동시에 고고학에서 보수성과 전통성으로 상징되는 기문국의 가야 고총 내부구조도 수혈식에서 횡혈식으로 바뀌고, 반파국에서는 백제토기가 본격적으로 등장한다. 끝내 전북 가야가 백제에 정치적으로 복속됐음을 말해준다.

11장

백제 지방 통치 거점,
섬진강 유역

1980년대 후반 필자는 남원 사석리 고분군과 첫 인연을 맺었다. 당시 지표조사를 실시하는 과정에 남원시 대강면 소재지 문중 묘역에 말무덤이 자리하고 있다는 제보를 받았다. 곧바로 현지조사를 실시하여 봉분이 상당히 큰 말무덤들이 무리지어 있다는 사실을 확인했다. 지금까지 두 차례의 학술발굴 결과, 말무덤의 실체와 그 역사성이 파악됐다.

말무덤에는 무슨 의미가 담겼을까? 말무덤의 '말'은 '마馬'의 뜻으로 보고, '말은 머리' 혹은 '크다'는 뜻으로 우두머리에게 붙여진 관형사로 파악하여 그 피장자를 지배자로 본다. 다시 말하면 말무덤은 왕의 무덤인 것이다. 가령 왕벌을 말벌, 왕사슴을 말사슴, 왕매미를 말매미로 부르는 것과 똑같다. 말무덤은 그 자체만으로도 당시의 시대상 및 발전상을 잘 웅변해 준다.

1990년대 초 말무덤의 존재를 학계에 알리기 위해 정밀 지표조사를 다시 실시했다. 놀랍게도 남원 사석리 말무덤 부근에 또 다른 말무덤이 더 산재해 있다는 사

전북가야, 세상에 드러나다

실을 확인했다. 남원시 대강면 방산리와 금지면 입암리, 순창군 적성면 고원리, 전남 곡성군 옥과면 주산리가 여기에 해당된다. 안타깝게 남원 입암리 말무덤을 제외하면 대부분 경지정리사업을 실시하는 과정에서 사라졌다.

2011년 남원 입암리 말무덤이 학술발굴을 통해 그 정체가 드러났다. 본래 7기 내외의 말무덤이 두 줄로 정연하게 자리하고 있었는데 농로를 개설하는 과정에 없앴다고 한다. 다행히 한 기의 말무덤이 봉분 남쪽에 민묘를 조성함으로써 천만다행히 살아남아 있었다. 이 말무덤은 사방에 도랑을 두른 마한의 분구묘로, 5세기 전후에 만든 것으로 밝혀졌다.

남원 입암리에서 문덕봉과 삿갓봉 사이 그럭재를 넘으면 남원 사석리에 곧장 도달한다. 전남 나주, 영암 등 영산강 유역에서 남원 방면으로 가려면 대부분 그럭재를 넘어야 한다. 백제 첫 수도 한성에서 전북 동부를 경유하여 섬진강 하구 경남 하동까지 이어진 옛길도 남원 사석리를 통과했다. 남원 사석리는 섬진강 유역에서 사통팔달했던 교역망의 중심지였다.

2020년 가야사 국정과제로 남원 사석리 8호분 학술발굴이 조선문화유산연구원 주관으로 마무리됐다. 이 무덤은 반지하식 횡혈식 석실분으로 직경 12m의 봉분 중앙부에 석실이 마련됐다. 석실은 장방형으로 크기가 일정하지 않은 깬돌로 양쪽 장벽을 약간 내경되게 쌓은 뒤 3매의 판석형 할석으로 덮었다. 석실의 규모는 길이 347cm, 너비 185cm, 높이 167cm이다.

석실 바닥 중앙에 자리한 관대는 백제 중앙 묘제의 상징으로 길이 262cm, 너비 113cm, 높이 13cm이다. 석실 남벽 중앙에 높이 91cm, 너비 66cm로 현문이 마련됐다. 연도는 밖으로 약간 벌어진 팔八자형으로 길이 120cm이며, 배수로는 현문에서부터 길이 315cm로 만들었다. 유물은 석실의 동벽과 북벽이 만나는 바닥에

남원 사석리 8호분 천정석 노출 상태.

서 3점의 뚜껑과 관정 2점이 출토됐다.

　남원 사석리 8호분은 최고의 위상과 위용을 뽐냈다. 하나는 마한과 백제 묘제가 하나로 응축됐고, 다른 하나는 백제 무왕이 잠든 익산 쌍릉 대왕묘에 이어 전북에서 두 번째로 석실의 길이가 크다. 또 다른 하나는 피장자의 시신을 모신 관을 얹었었던 관대시설이 마련되어 있다는 점이다. 무덤의 구조와 유물의 속성을 근거로 그 시기는 6세기 초로 편년됐다.

　남원 입암리 등 섬진강 중류지역에 4개소의 말무덤을 남긴 마한세력이 백제에 정치적으로 복속된 이후 남원 사석리 일대로 통폐합되었음을 추정할 수 있다. 남원 사석리 8호분은 8기의 말무덤 중 가장 위쪽에 위치하고 있으면서 봉분의 규모도 가장 크다. 말무덤의 역사성과 함께 분묘유적의 하한을 말해준다. 즉, 남원 사석리는 웅진기까지 섬진강 유역에서 백제 지방 통치 거점이었던 것이다.

전북가야, 세상에 드러나다

남원 사석리 8호분 석실 내부 모습으로 관대시설이 마련되어 있음.

　　일제강점기부터 섬진강 유역은 가야 소국 기문국이 있었던 곳으로 비정됐다. 대가야의 섬진강 루트에 근거를 두고 대가야의 변방 혹은 지방으로만 인식됐다. 그러나 남원 사석리는 백제의 진출로 마한세력의 통폐합 이후에는 백제 지방지배의 거점이었음을 반증한다. 엄밀히 해석하면 왕자와 왕족이 지방관으로 임명된 담로제 혹은 왕후제와의 연관성도 배제할 수 없다는 것이다.

　　백제 무령왕이 반파국과 3년 전쟁에서 승리함으로써 운봉고원 기문국이 백제에 복속됐다. 이 무렵 섬진강 유역 정치 중심지도 남원 사석리에서 남원 척문리·초촌리 일대로 옮겨진다. 백제의 중흥을 위해서는 운봉고원 철산지를 대단히 엄중하게 인식했던 당시 백제의 국가 전략이 작동됐기 때문이다. 향후 남원 사석리 고분군의 문화재 지정을 위한 추가발굴과 함께 학술대회가 추진됐으면 한다.

12장

제철유적의 보고

2017년 가야사 국정과제 일환으로 제철유적을 찾는 지표조사가 기획됐다. 이제까지 전북 동부에서 그 존재를 드러낸 제철유적은 250여 개소에 달한다. 우리나라에서 제철유적의 밀집도가 월등히 높아 학계의 이목을 집중시키고 있다. 알다시피 제철유적은 원료인 철광석과 연료인 숯, 여기에 1500도까지 온도를 올리는 첨단기술이 더해져야 가능하다. 전북 동부는 세 가지의 핵심 조건을 두루 갖추어 초기 철기시대부터 전북 가야를 거쳐 후백제까지 철기문화가 융성했던 곳이다. 어떻게 보면 제철유적의 야외 박물관을 떠올리게 한다.

금강 유역에서는 진안 대량리 제동유적과 160여 개소의 제철유적이 발견됐다. 금강 최상류 장수 남양리 유적은 가야의 영역에서 맨 처음 철기문화가 시작된 곳이다. 전북 동부에서 복원된 여덟 갈래 봉화로의 최종 종착지가 장수군 장계분지로 밝혀져 장수 가야를 문헌의 반파국으로 비정했고, 금강 유역을 반파국의 정치·경제·국방의 중심지로 보았다. 삼국시대 때 진안고원의 철산지를 차지하기 위해 가야

전북가야, 세상에 드러나다

와 백제, 신라가 치열하게 각축전을 펼쳐 삼국의 유적과 유물이 공존한다. 초기 철기시대부터 반파국을 거쳐 후백제까지 철기문화가 융성했던 것이다.

남강 유역은 운봉고원으로 철기문화의 보고이다. 기원전 84년 마한 왕이 지리산 달궁계곡을 피난처로 삼아 첫 인연을 맺은 철기문화는 기문국을 거쳐 후 백제까지 계속 이어졌다. 마한 분구묘의 묘제가 가야 고총으로 계승되어 철의 왕국 기문국을 탄생시켰다. 기문국은 철의 생산과 유통으로 최고급 위세품과 최상급 토기류를 거의 다 모아 동북아 문물교류의 허브로 밝혀졌다. 백제 무령왕·성왕·무왕의 백제 중흥과 통일신라 때 실상사 철불의 요람, 후백제 연호 정개가 편운화상승탑에 등장하는 역사적인 배경도 운봉고원의 철산개발을 대변한다.

만경강 유역은 철의 가공과 교역의 중심지이다. 초기 철기시대 때 철기문화가 바닷길로 전북혁신도시에 전래되어 내내 융성했고, 완주 상운리에서 가장 많은 단야구가 나와 만경강 유역에서의 철의 가공을 짐작케 한다. 잠깐 동안 반파국이 완주군 동북부 일대로 진출하여 20여 개소의 봉화를 남김으로써 전북에서 단일구역 내 산성 및 봉화의 밀집도가 가장 높다. 반파국이 머문 기간이 너무 짧아 가야의 분묘유적이 발견되지 않았지만 관방유적과 통신유적, 제철유적이 함께 공존하여 전북 가야의 전략상 요충지를 이루었음을 알 수 있다.

섬진강 유역은 사통팔달했던 교역망으로 줄곧 문물교류의 허브 역할을 담당했다. 동진강 하구 가야포에서 굴이나 조개껍질이 섬진강 유역을 가로질러 전북 가야에 조달됐고, 철과 철제품이 섬진강 내륙수로로 널리 유통됐다. 마한의 말(몰)무덤 소멸 이후 더 이상 수장층 분묘유적이 만들어지지 않았지만, 전북 가야의 멸망 이후 별안간 남원이 철의 집산지로 급부상했다. 당시 국가차원의 철산개발로 사비기 백제 남방성이 남원 척문리·초촌리 일대에 들어섰고, 통일신라 때 남원경으로 승격된 뒤

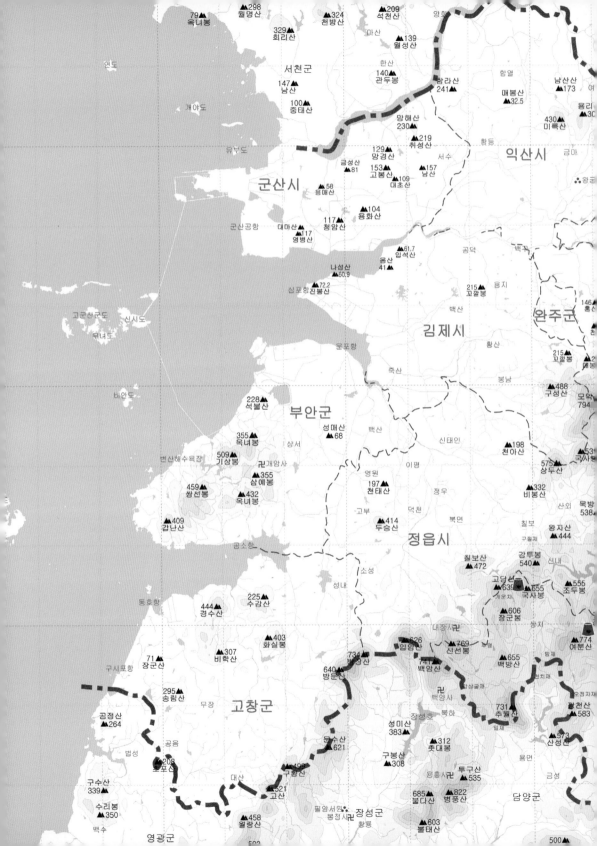

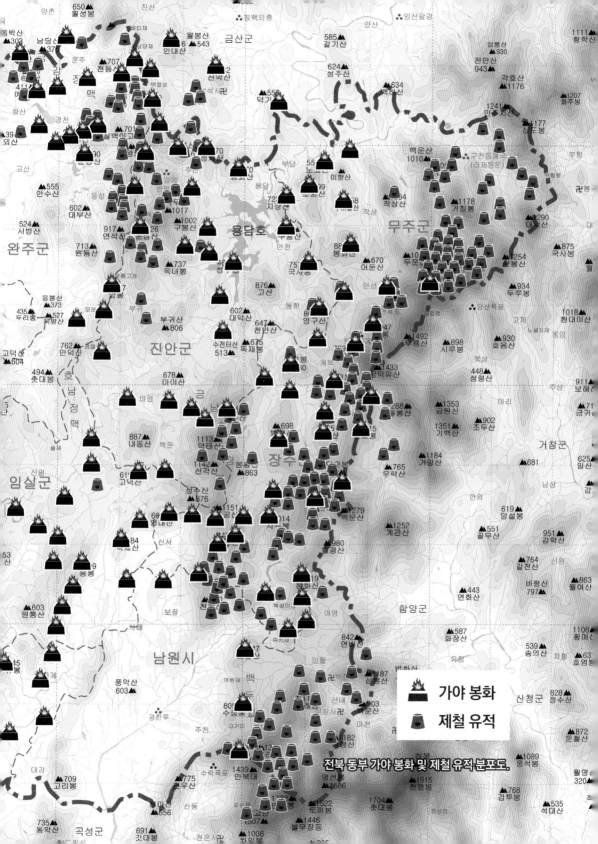

전북 동부 가야 봉화 및 제철 유적 분포도.

후백제까지 250여 년 동안 전북 동부의 위상을 최고로 선도했음을 알 수 있다.

터키 히타이트에서 처음 시작된 철기문화가 실크로드를 경유하여 중국 산동반도에서 바닷길로 전북혁신도시에 곧장 전래된 것이다. 2200년 전 바닷길로 만경강 유역에 정착한 제나라 전횡, 고조선 준왕의 선진세력은 당시 만경강 유역을 초기 철기문화의 거점으로 이끌었다. 전북혁신도시를 중심으로 모악산과 미륵산 사이 만경강 유역이 마한의 요람으로 학계의 이목을 집중시키고 있다.

초기 철기시대 전북혁신도시를 한반도 테크노밸리로 이끈 전횡의 후예들이 한 세기 뒤 철광석을 찾아 장수군 천천면 남양리, 지리산 달궁계곡으로 이주했을 개연성이 높은데, 이는 두 지역 모두 으뜸 철광석 산지이기 때문이다. 2019년 전북 동부 철기문화의 요람으로 추정된 지리산 달궁계곡에서 마한 왕의 달궁터가 발견되어 그 역사성을 검증하기 위한 학술발굴이 요청된다.

제나라 또는 고조선을 출발하여 전북 동부로 철기문화가 전파된 경로를 '전북의 아이언로드'로 설정해 두고자 한다. 터키 히타이트에서 실크로드, 제나라, 전북혁신도시에서 장수 남양리 일대로 철기문화가 전파되는데 1400년의 시간이 소요됐다. 이제까지 학계의 연구 성과와 달리 철기문화가 한반도 서쪽에서 동쪽으로 전래됐다는 고견은 시사하는 바가 크다.

가야사 국정과제로 전북 가야의 영역에서만 250여 개소의 제철유적이 그 존재를 드러냈는데, 이는 종전에 학계에 보도된 한반도의 350여 개소의 제철유적에는 한 개소도 포함되지 않은 새롭게 찾은 곳이다. 장수 명덕리 대적골·와룡리, 남원 고기리·성산리·화수리 옥계동, 무주 삼공리 구천계곡·월음령계곡 제철유적의 역사성을 밝히기 위한 학술발굴도 이제 막 시작됐다.

인류의 역사 발전에서 철의 공헌도는 상당히 높다. 초기 철기시대 철기문화가

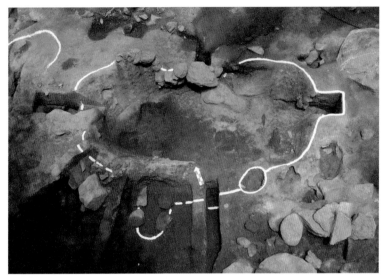

장수 대적골 제철유적 다지구 숯가마 발굴 후 모습.

장수 대적골 제철유적 다지구 숯가마.

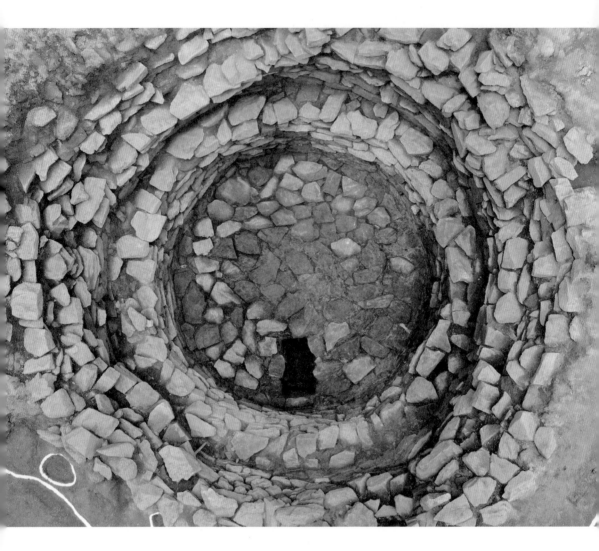

▲ 전북 동부에서 여덟 갈래로 복원된 가야 봉화로가 실어 온 모든 정보를 하나로 취합했던 장수 삼봉리 산성 계단식 집수시설로 그 평면형태가 원형이다. 전북 동부 산성 내 집수시설의 두드러 진 특징이다.

전북가야, 세상에 드러나다

바닷길로 곧장 전북혁신도시에 전래된 뒤, 전북 가야를 거쳐 후백제까지 지속적으로 철의 생산과 유통이 이어진 것은 전북을 동북아 문물교류의 허브로 키우기에 충분했다. 따라서 백두대간 양쪽에 가야문화를 당당히 꽃피운 전북 가야는 한마디로 첨단과학으로 상징된다. 동시에 철 생산과 유통으로 부국강병을 이룩한 뒤 전북 동부에 120여 개소의 가야 봉화를 남긴 것이다.

1500년 전 반파국이 봉후(화)제를 운영할 수 있었던 국력과 기문국의 국제성, 백제 남방성, 통일신라 남원경 설치, 후삼국 맹주 후백제의 역동성도 대규모 철산 개발에서 비롯된 것으로 추론된다. 6세기 중엽 경 전북 동부 철산지가 대부분 신라 영역으로 편입되자 제철집단이 교역로를 따라 일본열도로 이주했을 가능성도 보이는데, 이 무렵 일본열도에서는 철을 본격적으로 생산하기 때문이다. 전북 동부 제철유적의 운영 시기와 그 역사성을 밝히기 위한 학술발굴과 함께 학제 간 또는 지역 간 융복합 연구가 모색되었으면 한다.

13장

가야 봉화와
조선 봉수 병존하다

봉화란 변방의 급박한 소식을 중앙에 알리
던 통신제도이다. 1894년 갑오개혁 때 근대적인 통신제도가 도입되기 이전까지 개
인정보를 다루지 않고 오직 국가의 정치·군사적인 전보기능만을 전달했다. 우리 조
상들의 나라 사랑 정신이 살아 숨 쉬는 통신유적의 백미로 역사적인 위상과 가치가
몹시 높다. 그런데 우리나라에서 유일하게 가야 봉화대와 조선 봉수가 함께 존재하
는 곳이 전북 지역이다.

『삼국유사』에 가락국 시조 수로왕이 봉화를 사용했다고 전한다. 『삼국사기』에
백제 온조왕 10년 봉현烽峴을 비롯하여 봉산烽山, 봉산성烽山城 등이 등장한다. 『일
본서기』에는 가야 왕국 반파국이 513년부터 515년까지 3년 동안 백제와 전쟁을
치르면서 봉후제烽候制를 운영했다는 기록이 남아있다. 삼국시대 가야 봉화대의 존
재와 함께 당시 봉후(화)제가 운영됐음을 추론해 볼 수 있다.

1123년 서긍이 편찬한 『선화봉사고려도경』에 송나라 사신들이 배를 타고 흑산

전북가야, 세상에 드러나다

장수군 장계분지 내 반파국 추정 왕궁 터와 장수 삼봉리 산성(항공사진).

도에 도착하면 언제나 야간에는 항로 주변 산봉우리에서 불을 발견할 수 있었고, 봉화를 순차적으로 밝혀 임금이 있는 왕성에까지 이어졌다고 기록되어 있다. 당시 봉화가 선박의 안전 항해를 위해 등대 역할도 담당했음을 알 수 있다. 송나라 사절단을 초대하여 군산도 군산정에서 김부식 주관으로 국가 차원의 영접행사도 열렸다.

고려 의종 3년(1149) 서북면병마사 조진약이 봉수의 거화수를 규정하고 봉수군에게 생활의 대책을 마련하는 상소를 올렸다. 그리고 감독 책임자까지 배치한 사실로 보아 봉수의 격식이 규정됐고, 야화夜火와 주연晝烟으로 구분하여 거화수도 마련했다. 이와 같은 사실에 의해 우리나라에서 봉수제의 시작이 고려시대로 굳어진 결정적인 근거이다.

조선시대 봉수제는 세종 때 고려의 봉수제를 바탕으로 당나라의 제도를 크게 참고하여 거화거수 등 관계 규식을 새로 정했고, 연변의 각 연대를 새로 축조하고 나아가 봉수선로를 일제히 획정하는 등 비약적으로 발전했다. 이때가 우리나라 봉수제가 거의 체계적으로 잘 정비된 최전성기로 조선 전기의 안정기를 이끌었다. 전북 동부를 제외하면 전국에서 학계에 보고된 봉수는 대부분 조선시대에 만들어진 것들이다.

조선왕조실록에 따르면 연산군 10년 일시적으로 봉수제를 폐지했고, 중종대에 다시 복구하기도 했다. 선조 대에 이르러서 봉수의 폐단을 극복하기 위해 파발제를 도입하여 봉수의 역할이 크게 감소됐고, 숙종 때 봉수 변통론으로 전국 각지의 봉수 재편이 이루어졌다. 숙종 이후에는 봉수제와 파발제도가 군사적 통신의 기능을 함께 담당하게 됐다.

전북 서해안을 따라 배치된 고창 구시포, 부안 호고리·점방산, 김제 길곶, 군산 점방산·오성산 봉수는 남해안, 서해안으로 적의 침입을 감시하는데 큰 목적을 두었다. 순천 돌산도에서 출발해 전라도, 충청도, 경기도를 거쳐 최종적으로 서울 개화산 봉수에 도달한다. 그리고 군산 어청도, 연도, 위도 등 바닷길을 따라 배치된 봉수는 안전 운항을 담당했던 것 같다.

전북 서해안을 따라 일정한 간격으로 배치된 봉수는 조선시대 5봉수로 중 제5거에 해당하는 연변봉수이다. 서해의 해안선을 따라 이어지다가 군산 점방산 봉수에서 두 갈래로 갈라진다. 하나는 충남 서천 운은산 봉수로 이어져 서해의 해안선을 따라 북쪽으로 이어진 간봉이며, 다른 하나는 동쪽으로 방향을 틀어 충청감영이 설치된 공주를 경유하는 직봉이다.

고려 말의 봉수선로가 계승되어 조선 초기에 정비된 5봉수로의 직봉과 간봉이 전북 동부를 통과하지 않는다. 그럼에도 불구하고 우리나라에서 가장 많은 봉화 산이 전북 동부에 자리하고 있다. 현재까지 전북 동부에서 120여 개소의 봉화대가 학계에 보고됐는데, 남원시와 장수군 등 전북 가야의 영역과 거의 일치한다. 모두 여덟 갈래의 봉화로가 복원됐는데, 모든 봉화로의 최종 종착지가 장수군 장계분지 로 밝혀졌다.

모든 봉화대와 봉화대를 이어주는 봉화로는 출발지와 종착지가 있다. 그리고 봉 화로의 최종 종착지에는 국가의 존재를 증명해 주는 대형고분이 있어야 한다. 전북 남원시 운봉읍·무주군·진안군·완주군·임실군·순창군, 충남 금산군에서 각각 시작 하는 여러 갈래의 봉화로가 장수군 장계분지에서 만난다. 장수군 장계분지 동남쪽 백화산에서 뻗어 내린 산자락 정상부에 봉분의 직경이 20m 내외되는 120여 기의 가야 고총이 무리지어 있다.

진안고원 내 장수군에 지역적 기반을 둔 반파국은 4세기 말엽 처음 등장해 발 전하다가 6세기 초 늦은 시기 백제에 복속됐다. 금남호남정맥이 백제의 동쪽 진출 을 막았고, 사통팔달했던 교역망의 장악, 대규모 구리 및 철산개발이 핵심적인 배 경으로 작용했다. 장수 노곡리·호덕리 마한의 말무덤이 지속적인 발전과정을 거쳐 240여 기의 가야 중대형 고총을 진안고원 내 장수군에만 남겼다.

장수 영취산 봉화대 등 3개소의 봉화대 발굴조사에서 장수군 내 가야 고총 출 토품과 흡사한 삼국시대 토기들이 나왔다. 장수군에 지역적인 기반을 두고 가야 왕국으로까지 발전한 반파국이 백제의 동태를 살피고 제철유적의 방비를 목적으 로 봉후(화)제를 운영했던 것이다. 『일본서기』에 등장하는 가야의 봉화 왕국 반파

장수군 산서면 오성리 석축형 봉화 발굴 후 모습.

국과 관련하여 반파국은 문헌에서 요구하는 모든 필수조건을 충족시켰다.

조선시대 봉수는 남북한 합쳐 700여 개소에 달한다. 당시 전국을 다섯 갈래의 길로 나누어 나라를 굳건히 지켰음에도 불구하고 산성에 비해 역사적인 가치와 의미를 인정받지 못하고 있다. 전북의 서해안과 섬에서 발견된 10여 개소의 봉수들 가운데 발굴 성과를 근거로 정비 복원된 곳이 없다. 따라서 봉수에 대한 인식 전환과 함께 활용 방안을 조속히 마련했으면 한다.

전북가야, 세상에 드러나다

완주 종리 산성 북쪽 성벽 위 봉화시설로 붉게 산화됐음.

2017년 11월 25일 가야사 국정과제 일환으로 '봉수 왕국 전북 가야' 기념비를 백두대간 치재 부근에 세웠다. 1500년 전 ICT 가야왕국 반파국은 120여 개소의 봉화대를 전북 가야의 영역에 남겼다. 백두대간 서쪽 유일한 가야왕국이자 유적과 유물로 방증된 삼국시대 유일한 봉화 왕국이다. 앞으로 전북 동부에서 그 존재를 드러낸 삼국시대 주요 봉화대의 현황과 역사성을 소개하려고 한다.

가야 봉화와 조선 봉수 병존하다

전북 동부에서 제철유적의 밀집도가 가장 높은 곳이 지리산 달궁계곡이다.
초기 철기시대 한반도의 테크노밸리로 세간의 이목을 집중시킨 만경강 유역은 마한의 요람지로,
마한 왕의 출발지도 전북혁신도시로 추측된다.

2부

운봉고원의
철의 왕국, 기문국

14장

반달모양 달궁터를 찾다

가야사 국정과제가 진행되면서 마한 왕의 달궁터가 그 실체를 드러냈다. 백두대간 만복대 동쪽 기슭 하단부에 위치하고 있는데, 현지 주민들이 절골로 부르는 계곡이다. 만복대에서 동북쪽으로 뻗은 산자락이 중반부에서 두 갈래로 갈라져 천혜의 명당자리를 만들었는데, 그곳이 달궁터이다. 조물주가 지리산에 남긴 걸작품으로 그 평면 형태는 거의 반달 모양이다. 아무리 봐도 자연의 경이로움에 마음이 저절로 초연해진다.

조선 선조 때의 승려 휴정休靜이 쓴 『황령기黃嶺記』에는 "옛날 한 소제 즉위 3년에 마한의 임금이 진한의 난을 피하여 이곳에 와서 도성을 쌓았는데, 그 때 황·정 두 장수로 하여금 그 일을 감독하고 고개를 지키게 했으므로 두 사람의 성으로 고개 이름을 삼았다. 그 도성을 유지한 것이 71년이었다."고 했다. 지금도 무너진 성과 허물어진 벽이 남아 있으며, 그 도성이었다는 곳을 세상에서는 달궁터라고 전한다.

기원전 84년 전쟁이 일어나자 마한 왕이 피난을 떠났는데, 당시 왕이 머문 피난처가 지리산 달궁계곡이다. 마한 왕은 71년 동안 달궁계곡에 머물면서 나라를 다스렸다고 『황령기』에 전한다. 처음엔 지리산 달궁계곡에서 가장 넓은 평탄지가 펼쳐진 달궁 자동차 야영장 일대를 대부분 달궁터로 생각했었다. 그렇지만 사방을 둘러봐도 당시 왕이 생활하던 왕궁을 보호하는 왕성의 흔적이 발견되지 않아 의구심이 많았다.

2019년 11월 24일 달궁터 찾기 프로젝트가 시작됐다. 모악산지킴이 김정길 회장과 남원문화원 이병채 전 원장, 지리산 마실길 조용섭 이사장 등 10여 분이 함께 이른 새벽 전주에서 모여 백두대간을 넘어 지리산 달궁계곡 덕동패션에 도착했다. 전북산악연맹 지리산 북부 구조대로 활동하는 덕동패션 정창조 대원의 안내로 절골로 향했다. 오래전부터 꼭 한번 가보고 싶었던 절골이라 그런지 평소와 달리 힘이 넘쳐 쉬지 않고 계곡을 올랐다.

절골 중단부에서 산더미처럼 쌓인 돌더미를 보고 혹시 무너진 달궁의 성벽이 아닐까 생각했다. 저수지 제방처럼 계곡을 가로지르는 흙으로 축조된 시설물이 마치 왕성의 성벽처럼 보였다. 추정 성벽을 넘어 절골 내로 들어서자 소나무 등 잡목과 잡초가 무성하게 숲을 이루고 있었다. 나무들 사이로 두 눈에 들어온 계단식 지형은 빼어난 자태를 뽐내고 있었다. 지금은 농사를 짓지 않지만 계단식 농경지로 개간된 구역도 상당히 넓었다.

달궁터 탐사대는 20여 분의 산행 끝에 절터에 도착했다. 절터를 처음 보는 순간 숨이 멎는 듯했다. 산비탈을 깎아 2단으로 조성된 절터의 규모가 탐사대의 두 눈을 의심케 했다. 거의 반달 모양의 산자락이 절터를 병풍처럼 휘감아 풍수지리에서 으뜸으로 치는 혈처로서 부족함이 없었다. 절터에 앉아 정면을 바라보니 반야봉이 눈앞에 정원처럼 펼쳐졌다. 반야봉 부근에 투구봉과 동북쪽에 망바위봉이 그 자태를

지리산 국립공원 내 달궁계곡 항공사진이다. 중앙부가 남원시 산내면 덕동리 덕동마을이며, 상단
부에 실상사가 자리하고 있다. 좌측 하단부는 절골로 마한 왕의 달궁터로 추정되는 곳이다. 운봉
고원에서 제철유적의 밀집도가 가장 높은 곳으로 남원 하점골 등 20여 개소의 제철유적이 산재해
있다.

지리산 달궁계곡 마한 왕 달궁터와 정령치, 황령치(항공사진).

뽐내고 있었는데, 본래 달궁터를 감시하는 임무를 맡지 않았을까?

　당일 탐사대는 절골을 감싼 산자락에 올라 또 다시 놀랄수 밖에 없었다. 산자락은 자연 그대로가 아닌 사람의 손길이 닿은 성벽이었다. 산자락 바깥쪽은 거의 수직에 가깝도록 깎았고, 산자락이 끊긴 부분은 흙과 돌로 성벽을 이었다. 아무리 보고 또 봐도 탄복이 절로 나왔다. 달궁계곡이 잘 조망되는 산봉우리 정상부에는 추정 망루시설이 말안장처럼 움푹 들어간 곳에 성문 터가 있었다. 성벽이 무너져 흙과 돌을 섞어 쌓은 북문 터는 그 속살을 드러냈다.

　지금까지 몇 차례의 지표조사만 실시하여 절골의 역사성을 속 시원히 밝힐 수

운봉고원의 철의 왕국, 기문국

지리산 달궁계곡 마한 왕 달궁터로 비정된 절골 평탄지.

는 없다. 그렇지만 성벽이 절터를 감싸고 있다는 것은 많은 궁금증을 자아냈다. 우리나라에서 성벽의 보호를 받고 있는 절이 거의 없기 때문이다. 오히려 성벽이 절을 감싸고 있다면 그 성벽을 헐어야 맞지 않는가? 그만큼 절터는 성벽과 한 몸을 이룰 수 없는 것이다. 그렇다면 마한 왕이 이끈 마한세력의 이주 혹은 멸망으로 본래 왕궁터가 절터로 바뀐 것이 아닌가 싶다.

문헌에서도 절터의 존재가 언급되고 있다. 『황령기』에 "신라 진지왕 원년(576) 운집대사가 중국에서 나와 황령 남쪽에 절을 세우고 그 이름을 따서 황령암이라 했다."라고 기록되어 있다. 554년 옥천 관산성 전투에서 백제가 신라에 패배함에

백두대간 정령치 서쪽 기슭 돌로 쌓은 성벽으로 아주 거칠고 조잡하게 쌓았다.

운봉고원의 철의 왕국, 기문국

따라 운봉고원의 관할권이 백제에서 신라로 넘어감으로써 그 개연성을 뒷받침해 준다. 백두대간 만복대와 작은 고리봉 사이 고갯마루가 황령치로 그 동쪽 기슭 중단부가 마한 왕 달궁터이자 황령암지로 추정된다.

전북 동부에서 제철유적의 밀집도가 가장 높은 곳이 지리산 달궁계곡이다. 아직은 달궁계곡 제철유적을 대상으로 한 차례의 발굴도 추진되지 않아 마한 왕과 제철유적의 연관성은 입증되지 않았다. 다만 마한 왕이 달궁계곡으로 피난을 떠나기 훨씬 이전에 철기문화가 전북혁신도시에 전래됐고, 초기 철기시대 한반도의 테크노밸리로 세간의 이목을 집중시킨 만경강 유역은 마한의 요람지로 마한 왕의 출발지도 전북혁신도시로 추측된다.

2100년 전 무슨 이유로 마한 왕이 지리산 달궁계곡을 피난처로 삼았을까? 71년 동안 마한 왕이 지리산 달궁계곡에서 나라를 다스릴 수 있는 국력의 원천은 어디서 나왔을까? 아무리 생각해봐도 철이다. 지리산 달궁계곡은 철의 함유량이 상당히 높은 니켈 철광석 산지로 거듭났다. 마한 왕의 제련기술과 달궁계곡의 철광석이 서로 만나 철기문화를 꽃피운 것이 아닌가 싶다.

15장

제철유적의 보고,
지리산 달궁계곡

　　우리 선조들의 지혜와 운봉고원 철광석이 하나로 응축되어 새로 태어난 것이 제철유적이다. 조선시대 십승지지이자 신선의 땅으로 널리 회자되고 있는 운봉고원은 철광석의 산지이며, 백두대간 속 지붕 없는 철광석 박물관이다. 즉 지하자원의 보고인 것이다. 운봉고원 철광석은 니켈이 다량으로 함유되어 철광석 중 최상급으로 평가받는다.

　　군산대학교 고고학팀 주관 지표조사를 통해 40여 개소의 제철유적이 운봉고원에 다수 산재된 것으로 밝혀졌다. 백두대간 노고단에서 삼봉산까지 그 분포 범위가 25km에 달한다. 지금도 운봉고원과 그 주변지역을 대상으로 제철유적을 찾고 알리는 지표조사가 활발하게 진행되고 있기 때문에 그 수가 더 늘어날 것으로 전망된다.

　　2012년 지리산 달궁계곡에서도 제철유적이 그 존재를 세상에 알렸다. 고고학에서 최고의 생산유적은 제철유적이다. 그해 봄 가뭄이 심해 달궁계곡 철광석이 뿜어낸 진한 황갈색의 녹물이 결정적인 실마리를 제공해 주었다. 오래 전부터 사람들의 발길이 뚝 끊겨 제철유적을 찾고 알리는데 고고학자들의 끈기와 사투가 요구됐다. 전북 남원시 산내면 덕동리를 중심으로 남쪽 하점골과 서남쪽 봉산골, 서쪽 심원계곡, 북쪽 언양골, 동북쪽 외얏골이 여기에 해당된다.

남원 하점골 제철유적에서는 철광석의 채광부터 숯을 가지고 철광석을 환원시켜 철을 추출해 내는 제철공정을 한 자리에서 살필 수 있다. 이제 막 문을 연 철의 유적공원을 연상시킬 정도로 제철유적의 보존상태가 거의 완벽에 가까워 대자연의 원시림을 방불케 한다. 그럼에도 불구하고 한 차례의 발굴조사도 이루어지지 않아 매우 아쉬운 유적지다. 2020년 남원시에서 달궁계곡 제철유적을 알리는 안내문을 세웠다.

백두대간 고리봉에서 세걸산을 지나 덕두산까지 이어진 산줄기 양쪽에도 10여 개소의 제철유적이 산재해 있다. 남원시 운봉읍에서 지방도를 따라 정령치 방면으로 가면 선유폭포에 도달하는데, 그 부근에 슬래그(쇠똥)가 광범위하게 흩어져 있다. 남원시 주천면 고기리 제철유적은 쇠똥의 분포 범위가 1.5km 내외로 운봉고원 제철유적 중 최대 규모를 자랑한다.

세걸산 서쪽 금새암골에도 제철유적이 있는데, 수철리라는 마을 지명도 제철유적에서 유래됐다. 이 마을 입구 논에 주쇠뜸이 있는데, 이곳에서 철이 다시 가공됐음을 말해준다. 지명은 그 지역의 역사와 문화를 함축적으로 담고 있으니 지명으로 제철유적의 존재를 알린 것이다.

매년 5월 중순 경 철쭉제로 유명한 바래봉 북쪽 골짜기에 운봉읍 화수리 옥계동 제철유적이 있다. 옥계저수지에서 위쪽으로 1km 가량 떨어진 곳으로 사방이 산줄기로 감싸여 천연의 자연분지를 이룬다. 고고학에서 옥은 최고의 권위와 권력

지리산 국립공원 내 달궁계곡 제철유적을 찾은 군산대학교 지표조사단.

을 상징한다. 군산대학교 고고학팀이 옥계동의 '옥玉자'에 큰 의미를 두고 도전과 뚝심으로 옥계동 제철유적을 찾아내었다.

　　남원 옥계동 제철유적은 남북으로 약간 긴 장타원형으로 남북 길이 700m, 동서 폭 500m에 달한다. 모두 세 차례의 발굴에서 채석장과 파쇄장, 배소지, 제련로, 초대형 슬래그 더미와 숯가마 등이 확인됐고, 유물은 회청색 경질토기편과 자기편, 송풍관편 등이 수습됐다. 전북 동부에서 학계에 보고된 250여 개소의 제철유적 중 초대형에 속한다.

운봉고원의 철의 왕국, 기문국

운봉고원 일대에 40여 개소의 제철유적을 남긴 철기문화의 출발지가 어디였을까? 기원전 84년 마한의 왕이 전쟁을 피해 피난길에 올랐다. 당시 마한의 왕이 피난지로 삼은 곳은 첩첩산중으로 유명한 지리산국립공원 내 달궁계곡이다. 여름철 피서지로 유명한 지리산 뱀사골 계곡의 서쪽이 여기에 해당된다. 지리산 달궁계곡의 달궁터와 백두대간의 정령치·황령치·성삼재, 팔랑치가 마한의 왕과 관련된 지명들이다.

지리산 달궁계곡 서쪽 관문 성삼재는 성이 다른 세 사람의 장수들이 지킨 고개라는 뜻이며, 달궁계곡 서북쪽 팔랑치는 8명의 젊은 남자들이 달궁계곡 달궁터로 향하던 고개를 지킨 데서 유래한 지명이다. 그리하여 마한 왕의 전설이 깃든 지리산 달궁계곡의 '궁' 자는 경복궁처럼 집 궁宮 자를 쓴다. 엄연히 풍수지리에 근거를 둔 활 궁弓 자와는 그 위상이 다르다.

조선시대 서산대사 휴정이 쓴 『황령기』의 내용은 구체적이고 분명하다. 중국 한나라 때인 기원전 84년 마한의 왕이 진한의 침공을 받아 지리산으로 피난하여 도성을 쌓고 그 도성을 71년 동안 유지했다는 것이다. 더더욱 황, 정 두 장수들로 하여금 성 쌓는 일을 감독하고 고개를 지키도록 하여 고개의 이름도 두 장수의 성을 쫓아 황령黃嶺, 정령鄭嶺이라 불렀다는 것이다.

1987년 지표조사를 통해 마한의 왕과 관련된 달궁터와 정 장군이 성을 쌓고 지킨 정령치도 그 위치가 파악됐다. 1980년대 후반까지만 해도 달궁터는 밭으로 개간된 것을 제외하면 건물지로 추정되는 유적과 유구가 잘 보존되어 있었다. 안타깝게도 지리산국립공원 내 달궁계곡 주차장을 만들면서 달궁터의 대부분을 내주고 일부 남은 왕궁터도 관리의 손길이 미치지 않고 있다.

2019년에는 백두대간 만복대 동쪽 기슭 중단부 절골이 달궁터라는 주장도 제기됐다. 지리산 달궁계곡에서 가장 넓은 평탄지가 펼쳐진 절골은 풍수지리에서 빼어난 자연환경을 자랑한다. 아직까지 지리산 달궁계곡의 달궁터를 제외하면 마한의 왕궁터가 확인된 곳은 없다. 그만큼 달궁터는 그 자체만으로도 역사적인 의미를 담고 있기 때문에 우리의 관심이 절실하다.

『삼국지』 위지 동이전 한조에는 54개의 소국이 마한에 있었던 것으로 기록되어 있다. 마한의 소국들은 대체로 시·군 단위마다 하나씩 자리하고 있었을 것으로 추정되지만 지금까지 마한 왕의 달궁터에 대한 발굴조사가 이루어지지 않아 그 성격과 조성연대는 밝혀지지 않았다. 어느 지역에 기반을 두고 발전했던 마한의 왕국과 관련이 있는지 아직은 그 실체가 파악되지 않았다.

그럼에도 불구하고 초기 철기시대 때 한반도 테크노밸리였던 전북혁신도시가 그 출발지였을 것으로 추측된다. 1975년 만경강 유역 전북혁신도시 내 완주 상림리에서 나온 26점의 중국식 동검을 남긴 제나라 전횡의 망명 세력과 연계성이 가장 높기 때문이다. 완주 상림리 중국식 동검은 망명에 성공한 전횡 세력이 토착화하기 이전에 제사를 지낸 뒤 매납했을 것으로 추측되며, 이는 전북 동부 가야 고총이 마한 분구묘에서 유래되었음을 밝히는 결정적인 계기가 됐다.

백두대간 정령치에서 마한 왕의 명령을 받고 정 장군이 쌓은 성터가 발견됐다. 그리고 남원시 운봉읍과 산내면 달궁계곡을 연결해 주는 큰 관문이 정령치이다. 최근에 지리산을 찾는 관광객들로 북적대는 정령치 정상부에 성벽의 흔적이 뚜렷하게 남아있다. 현재 정령치 서쪽 기슭에는 흙과 돌을 가지고 골짜기를 막은 토석혼축성과 고리봉으로 오르는 서쪽 기슭에 돌만을 가지고 쌓은 석성이 있다.

정 장군이 쌓은 정령치 석성은 달궁계곡의 달궁터를 한 바퀴 휘감아 문헌의 내용대로 달궁터를 방어할 목적으로 축조됐음을 알 수 있다. 그렇다면 우리나라에서

지리산 국립공원 달궁계곡 내 남원 하점골 제철유적 파쇄 및 배소된 철광석 더미.

그 시기가 가장 올라가는 석성일 개연성도 없지 않다. 황 장군이 쌓은 황령치는 백
두대간 만복대와 작은 고리봉 사이 고갯마루이다. 지리산 심원계곡 사람들이 남원,
운봉을 오갈 때 넘던 고개이다. 황령치 동쪽 기슭 하단부에는 마한 왕이 쌓은 반달
모양의 달궁터가 위치한다.

현지조사 때 정령치에서 성벽이 발견됨으로써 기원전 84년 마한 왕이 지리산

▲ 전북 동부 제철유적의 역사성을 고증하기 위해 전주문화유산연구원 주관으로 발굴조사가 진행
중인 덕유산 국립공원 내 무주 삼공리 제철유적 발굴현장을 찾은 고조선답사반이다. 지난해 고
조선답사반은 두 차례 전북가야 문화유산을 찾았다.

운봉고원의 철의 왕국, 기문국

달궁계곡으로 피난와 71년 동안 나라를 다스렸다는 구전이 유적으로 증명됐다. 마한 왕의 달궁터와 관련하여 가장 중요한 것은 제철유적이다. 마한의 왕이 지리산 달궁계곡으로 피난을 떠나기 이전 철기문화가 전북혁신도시에 전래되어, 만경강 유역에서도 철을 생산하고 있었다.

전북혁신도시 철기문화의 시작과 관련하여 학자에 따라 얼마간 견해를 달리하고 있지만 대체로 기원전 3세기를 전후한 시기로 편년되고 있다. 만경강 유역으로 철기문화의 전래는 제나라 전횡의 망명, 고조선 준왕의 남래가 역사적 배경으로 추정된다. 초기 철기시대 전북혁신도시를 당대 최고의 테크노밸리로 만든 선진세력 집단이 한 세기 뒤 철광석을 찾아 지리산 달궁계곡 혹은 장수 남양리 일대로 이동했던 것 같다.

16장

운봉고원 내 가야 왕국
기문국

　　백두대간 동쪽 운봉고원은 신선의 땅으로
널리 회자되는 곳이다. 행정구역상 남원시 운봉읍·인월면·아영면·산내면이 운봉
고원을 형성한다. 백두대간이 난공불락의 철옹성을 이루고 해발 500m 내외의 고
원지대로 남강, 섬진강이 운봉고원을 풍요롭게 적셔준다. 남원시 주천면 고기리·덕
치리 일대가 운봉고원에서 섬진강 유역에 속하고 남강 유역이 대부분을 차지한다.

　　운봉고원은 조선시대 예언서인 『정감록』에도 사람들이 살기 좋은 십승지지로
서술되어 있듯이 지리산의 절경이 만든 신선의 땅으로 백성들이 천난·외난·인난을
피할 수 있는 최고의 보신처이다. 말하자면 지상낙원으로 이곳에 철광석을 녹여 철
을 생산하던 40여 개소의 제철유적이 발견됐다. 전북 가야 영역에서 철기문화가 당
당히 꽃피운 곳이다.

　　조선 후기 실학자 정약용은 『다산시문집茶山詩文集』에서 "남도의 관방은 운봉
이 으뜸이고 추풍령이 다음이다. 운봉을 잃으면 적이 호남을 차지할 것이고 추풍령

을 잃으면 적이 호서를 차지할 것이며, 호남과 호서를 다 잃으면 경기가 쭈그러들 것이니, 이는 반드시 지켜야 할 관문인 것이다."라고 했다. 다산의 고견처럼 운봉고원은 영호남 최고의 요해처이자 관방의 으뜸이었다. 동시에 전북 가야와 백제, 신라의 유적과 유물이 공존하는 삼국의 각축장으로 영호남의 교류와 화합을 유물로 연출한 곳이다.

2010년 역사학계의 시선이 온통 철산지인 운봉고원으로 쏠렸다. 운봉고원 아영분지 내 남원 월산리 M5호분에서 중국제 청자인 계수호鷄首壺가 그 자태를 드러냈기 때문이다. 제수호는 백제왕 주요 하사품으로 알려진 최상급 위세품이다. 종전에 공주 수촌리, 천안 용정리, 서산 부장리 등 백제의 영역에서만 나왔는데, 가야에서는 남원 월산리 가야 고총에서 처음으로 출토된 것이다. 중국제 청자가 나온 곳은 대부분 지방의 중심이자 지배자 무덤으로 밝혀졌으며, 중국에서도 지배자 무덤에서만 출토되는 최고의 유물이다.

이외에도 신라의 천마총과 황남대총 출토품과 흡사한 철제초두鐵製鐎斗를 비롯하여 금제 귀걸이, 갑옷과 투구, 경갑, 기꽂이 등 가야 위신재도 상당수 포함되어 있었다. 여기서 그치지 않고 2013년 남원 유곡리와 두락리 32호분에서는 공주 무령왕릉 출토품과 흡사한 수대경獸帶鏡과 금동신발이 더 나왔다. 금동신발을 비롯하여 수대경, 철제초두, 계수호는 가야의 영역에서 한 점씩만 출토된 기문국 최고의 위세품들이다. 왜 백제와 신라, 가야 소국들이 으뜸 위세품과 위신재를 운봉고원 기문국으로 보냈을까?

고령 지산동과 합천 옥전에서 나온 금동관을 제외한 가야의 위세품이 대부분 운봉고원에서 출토됐다. 가야 고총에서 최초로 계수호와 철제초두가 남원 월산리에서, 금동신발과 청동거울이 남원 유곡리와 두락리 32호분에서 그 실체를 드러냄

운봉고원 내 아영분지 항공사진이다. 사진 상단부가 백두대간으로 좌측에 남원 아막성과 우측에
치재, 중앙부 가장 높은 산봉우리가 남원 봉화산 봉화이다. 하단부 비스듬히 놓인 산자락이 남원
유곡리와 두락리 고분군이며, 88고속도로 위쪽에 남원 청계리 고분군, 아래쪽에 남원 월산리 고
분군이 자리한다.

으로써 기문국의 역동성과 함께 그 위상을 최고로 높였다. 백제가 철산지이자 문물 교류의 관문으로 기문국을 얼마나 중시했던가를 살필 수 있다. 당시 기문국과 백제가 혹시 정략관계였지 않았을까?

철의 왕국 기문국이 그 존재를 세상에 처음 알린 것은 1982년이다. 그해 광주와 대구를 잇는 88고속도로 공사구역에 포함된 가야 고총을 대상으로 구제발굴이 이루어졌다. 본래 백제의 대형고분일거라는 고고학자들의 예상과 달리 그 주체가 가야로 밝혀지면서 적지 않은 관심을 끌게 되었다. 남원 월산리는 기문국을 맨 처음 세상에 알린 역사적인 명소이다. 2018년에는 반달모양으로 휘감은 서쪽 산줄기에서 10여 기의 가야 고총이 더 발견되어, 국립나주문화재연구소 주관으로 이루어진 학술발굴에서 큰 성과를 거두었다.

2019년 남원 청계리 가야 고총에서는 마한 무덤의 특징이 다시 확인됐다. 봉분이 서로 맞닿은 연접분이고 성토한 봉분을 다시 파내어 매장시설을 마련하고 봉분 가장자리에 도랑을 둘렀는데, 봉분의 평면 형태는 남북으로 긴 장타원형이다. 모든 가야의 영역에서 유일무이한 사례로 그 뿌리가 마한이었음을 알 수 있다.

아라가야의 수레바퀴 장식 토기와 일본제 나무로 만든 빗, 중국제 청자편이 나와 기문국이 동북아 문물교류의 교차점이었음을 유물로 다시 또 세상에 알렸다. 운봉고원에 지역적인 기반을 둔 마한세력이 가야 문화를 수용하여 가야 고총을 만들면서 마한의 묘제를 따랐음을 알 수 있다.

남원 월산리·청계리에서 동쪽으로 1.5km 떨어진 곳에 인월면 유곡리·아영면 두락리가 있는데, 이곳에도 40여 기의 가야 고총이 무리지어 있다. 지금도 소나무가 봉분에 숲을 이루고 있지만 참 가야를 만날 수 있는 곳이다. 봉분의 직경이 30m 이상 되는 초대형급 가야 고총도 산자락 정상부에 자리하고 있어, 당시에 철의 왕국 기문국이 국력을 토대로 융성했음을 파악할 수 있다.

그런가 하면 40여 기의 가야 고총이 한 곳에 무리지어 있기 때문에 운봉고원의 기문국이 상당 기간 존속했음을 알 수 있다. 본래 80여 기 내외였으나 훨씬

남원 유곡리와 두락리 32호분 봉분 출토 말뼈.

더 많았다고 남원시 인월면 유곡리 성내마을 주민들이 제보해줌에 따라 지금까지 조사한 바에 의하면 운봉고원에서 그 존재를 드러낸 마한의 말무덤과 가야 고총은 180여 기에 달한다.

가야 왕국 기문국은 세 가지 부분에서 강한 지역성을 보였다. 하나는 봉분의 중앙부에 하나의 매장시설만 배치된 단곽식이고, 다른 하나는 봉분의 가장자리에 호석시설을 두르지 않았고, 또 다른 하나는 매장시설이 지상식 혹은 반지하식이라는 점이다. 남원 월산리·유곡리·두락리를 중심으로 한 함양 상백리·백천리, 산청 생초·중촌리, 장수 삼봉리·동촌리 가야 고총은 봉분의 가장자리에 호석시설을 갖추지 않았다.

이것은 운봉고원을 중심으로 한 경남 함양군과 산청군, 전북 장수군 일대에 가야 소국들이 서로 돈독한 교류관계를 유지하면서 공존했음을 넌지시 알려준다. 문헌에는 기문국이 사방 삼백 리로 언급되어 있는데, 운봉고원과 함양군, 산청군은 문헌의 내용을 충족시켜 주고 있다.

남원 유곡리와 두락리 32호분과 유곡리 성내마을 전경.

    당시 철의 왕국으로 융성했던 기문국은 가야에서 유일하게 봉분의 규모와 매장 시설이 축소되지 않고 지속적인 속도로 한층 더 발전하였다. 동시에 가야 고총에서 최초로 그 존재를 드러낸 철제초두를 비롯하여 철기유물이 대부분 나왔는데, 더 더욱 중요한 것은 대부분 철기류가 운봉고원에서 제작됐다는 것이다. 무엇보다 기문국 지배자의 시신을 모신 목관에 사용된 꺾쇠는 그 크기가 가장 크다. 사실 가야 고총의 규모와 꺾쇠의 크기는 국력의 평정 척도이다.

    기문국의 가야 고총은 매장시설의 내부구조가 수혈식에서 횡구식 또는 횡혈식

운봉고원의 철의 왕국, 기문국

으로 바뀐다. 남원 유곡리와 두락리 36호분은 매장시설이 횡혈식 석실분으로 남쪽 기슭 제일 하단부에 자리한다. 봉분의 중앙부에 축조된 석실은 아래쪽이 수직에 가깝고 그 위쪽으로 올라가면서 모든 벽석을 같은 비율로 좁혀 1매의 천정석으로 덮어 궁륭상을 이룬다. 연도의 위치를 제외하면 유구의 속성은 대체로 공주 송산리 3호분, 나주 송제리 고분을 쏙 빼닮았다. 백제의 기술자가 기문국의 가야 고총을 만드는데 직접 파견되었을 개연성도 없지 않다.

백두대간 산줄기 동쪽, 즉 모든 가야의 영역에서 백제묘제가 가장 일찍 수용된 곳이 운봉고원이다. 6세기 전반기 백제의 영향력이 더욱 강화되면서 가야 고총의 내부구조가 횡구식 및 횡혈식으로 변화한다. 가야 고총의 내부구조가 수혈식에서 횡구식으로 바뀐 것은 기문국이 백제에 정치적으로 복속됐음을 말해준다. 운봉고원의 주체가 가야에서 백제로 바뀐 것이다.

운봉고원 기문국은 백제의 선진문화와 선진문물이 가야 영역으로 전파되는데 큰 관문 역할을 책임지고 맡았다. 그러다가 무령왕 때 운봉고원 기문국의 위상이 경제 교류의 상대에서 정복의 대상으로 대전환됐다. 당시 백제의 부흥을 위해서는 운봉고원 철산지의 장악이 절실했기 때문이다. 운봉고원 철산지는 백제 중흥 프로젝트의 화수분이었다.

남원 유곡리와 두락리 15·16호분에서 나온 은제목걸이와 은제구슬, 유리구슬, 탄목구슬에서 무령왕릉 출토품과의 관련성도 입증됐다. 기문국의 가야 고총에서 무령왕릉 출토품과 흡사한 백제계 유물이 상당량 나온 것은 당시 백제의 영향력이 운봉고원에 강하게 미쳤기 때문이다. 운봉고원을 통과하던 백두대간 치재로를 따라 백제가 가야 지역으로 본격 진출했음을 알 수 있다.

운봉고원 일대가 6세기 전반 백제 무령왕 때 백제에 정치적으로 편입됨으로써

백두대간 동쪽에 위치한 남원 유곡리와 두락리 32호분(항공사진).

철의 왕국 기문국이 521년 이후부터는 더 이상 문헌에 등장하지 않는다. 이는 동북아 문물교류의 허브 기문국이 백제에 정치적으로 복속됐음을 말해주며, 기문국이 백제에 복속된 이후 백제의 가야 진출이 한동안 소강상태를 이룬다. 따라서 운봉고원의 철산개발은 백제의 핵심 전략이 아니었을까?

백제는 기문국에 직접적인 영향력을 행사하다가 관산성 전투에서 신라에 패배함에 따라 그 주도권을 일시에 상실한다. 옥천 관산성 전투는 554년 7월 백제와 신

운봉고원의 철의 왕국, 기문국

라가 싸워 백제가 크게 패한 전쟁이다. 남원 유곡리와 두락리 36호분, 아영면 봉대리 2호분에서 나온 신라의 단각고배를 근거로 6세기 중엽 경 운봉고원이 신라의 영향권으로 편입됐음을 말해준다. 운봉읍 북천리 3호분의 발굴로 운봉고원이 새로이 신라 영역이었음을 입증하고 있다.

현재까지 운봉고원 가야 고총에서 토기류와 철기류, 장신구류 등 대부분의 가야 유물이 나왔는데, 차양이 달린 복발형 투구 등 상당수 철기유물이 운봉고원에서 제작됐다. 일본에서도 복발형 투구가 상당수 출토되어 기문국과 왜가 바닷길로 국제 교역이 활발하게 이루어졌음을 엿볼 수 있다. 진안고원의 장수군에서 갈라진 한 갈래의 봉화로가 백두대간을 따라 선상으로 이어져 반파국과의 우호관계도 유적과 유물로 입증됐다.

앞에서 512년 반파국이 기문국을 강제 병합됐음을 운봉 봉화로를 통해 증명할 수 있었다. 진안고원 내 장수군 장계분지를 출발해 백두대간을 따라 배치된 운봉 봉화로가 기문국과 반파국을 하나로 묶어준다. 운봉 봉화로는 반파국와 기문국의 밀접한 관계를 말해준다.

2018년 호남지방에서 최초로 남원 유곡리와 두락리 고분군이 국가 사적 제542호로 지정됐고, 2020년 9월 11일 가야고분군 세계유산 등재 신청 대상에도 최종 선정됐다. 2021년 3월 7일 유네스코 세계유산센터의 완성도 검토를 김해 대성동과 함안 말이산, 고령 지산동, 고성 송학동, 창녕 교동·송현동, 합천 옥전 고분군과 함께 통과했다. 가야고분군이 세계문화유산에 등재되길 간곡히 염원해 본다.

세계유산 도전,
남원 유곡리·두락리 고분군

1500년 전 가야 사람들은 백두대간을 넘나들며 끊임없이 경제 교류를 했다. 영호남의 지역 구분 없이 하나의 생활권과 하나의 문화권을 만들었다.

흔히 신선의 땅으로 널리 회자되고 있는 운봉고원에 남원 유곡리와 두락리 고분군이 있다. 마치 솔개가 하늘을 나는 모습을 닮은 연비산에서 동서로 뻗은 산자락에 위치한다. 사방 어디에서 봐도 한눈에 쏙 들어오는 산줄기 정상부에 40여 기의 대형고분이 옹기종기 모여 있다. 현지 주민들은 "지금 남아있는 것보다 두 배 이상 많았다"고 제보해 주었다. 남원 인월면 유곡리와 아영면 두락리에 대형고분이 골고루 분포되어 남원 유곡리와 두락리라고 유적의 이름을 붙였다.

여기서 두락리는 지명에 국가의 도읍이라는 의미가 담겨 있음을 알아야 한다. 남원 유곡리와 두락리는 빼어난 자연 경관을 자랑한다. 백두대간 산줄기가 사방을 병풍처럼 휘감아 기문국의 도성 역할을 수행했다. 가야 고총이 자리한 산줄기를 왕

남원 유곡리와 두락리 고분군 남쪽 성내마을(항공사진).

성으로 인식하고 왕성 안쪽을 성내마을이라고 이름을 붙였다. 그렇다면 성내마을 앞쪽 논에 기문국의 왕이 생활하던 왕궁터가 자리하고 있을 것으로 추측된다. 그리고 지리산 일대를 왕궁의 정원으로 초대했다. 백두대간과 지리산을 기문국의 자연 경관으로 끌어들였을 가능성을 배제할 수 없다. 백두대간은 기문국의 도성이자 방패막이었던 것이다.

운봉고원은 그 중심지를 네 번 이동했던 것으로 보인다. 기원전 84년 마한 왕이 지리산 달궁계곡에서 달궁터를 닦고 71년 동안 국력을 키워 운봉읍 장교리 연동마을로 이동해 말무덤을 남겼다. 운봉고원 마한 세력은 가야 문화를 받아들이기 이전까지 정치 중심지를 운봉읍 일원에 두었다. 그러다가 4세기 말엽 가야 문화를 받아

남원 유곡리와 두락리 32호분 단곽식 매장 주체부 노출상태로 사진 좌측이 주석곽, 우측이 부장곽
이며, 상단부는 도랑 흔적이다. 운봉고원 내 가야 고총에서 밝혀진 공통성과 지역성을 보이고 있다.

운봉고원의 철의 왕국, 기문국

들이고 아영면 월산리·청계리 일대에서 잠시 머물다가 남원 유곡리와 두락리로 중심지를 옮겼다. 백두대간 동쪽 기슭 말단부에 위치한 남원 월산리·청계리는 반달모양 산자락이 휘감아 자생풍수상 으뜸 명당을 이룬다. 그리고 남원 유곡리와 두락리는 기문국의 마지막 도읍이었다. 남원시 아영면 두락리는 지명에 도읍이라는 의미가 담겨있으며, 전북과 경남 경계를 이룬 고갯마루가 왕이 오갔던 왕령王嶺이다.

가야 왕이 누군지 몰라 대형고분을 가야 고총이라고 부른다. 남원 유곡리와 두락리 가야 고총은 봉분의 직경이 30m 이상으로 마치 산봉우리를 연상시킨다. 소나무가 무성하게 숲을 이룰 정도로 관리의 손길이 미치지 않고 있지만 모든 가야의 고총 중 가장 큰 편에 속한다. 1500년 동안 세월의 풍상과 무게가 봉분을 누르고 있음에도 위풍당당한 모습이다. 운봉고원에 지역적인 기반을 둔 가야 왕국 기문국의 국력이 탁월했음을 말해준다.

1973년 한 차례의 발굴조사가 이루어지지 않았음에도 불구하고 전라북도기념물 제10호로 지정되어 그 역사성을 인정받았다. 1970년대까지만 해도 남원 유곡리와 두락리 고분군의 전경 사진이 남원역 벽면에 걸릴 정도로 많은 사랑을 받았다. 1989년과 2013년 두 차례의 발굴조사에서 큰 성과를 거두어 2018년 3월 28일 국가 사적 제542호로 지정됐다. 첫 삽을 뜨고 국가 사적으로 지정되기까지 무려 30년의 세월이 걸렸다. 전북 가야 인식의 현주소와 무관심을 적나라하게 일깨워 준다. 전북 가야는 앞으로, 지속적으로 복원해야 할 역사다.

일제강점기 때 입은 도굴의 상처는 지금도 아물지 않았다. 당시 금관이 나왔다든지, 금으로 만든 주전자가 나왔다든지, 쇠로 만든 긴 칼이 나왔다는 도굴 이야기는 끝없이 이어진다. 1989년 발굴 준비를 위해 필자가 마을을 찾았을 때 실제로 가야토기를 보고 깜짝 놀라기도 했다. 가야 고총에서 나온 토기를 화분 혹은 쓰레기통, 저장용기 등으로 사용하는 경우가 적지 않았다. 심지어 1980년대까지만 해도 그릇이 고름장에서 나와 귀신이 붙었다고 해서 깨버린 것이 더 많았다고 한다. 일제강점기부터 도굴로 성내 마을에서 빠져나간 유물을 트럭으로 계산하면 10대 이상 된다고 하니 충격적이다. 우리가 나라를 지키지 못하면 유구한 역사도 통째로 사라진다는 아픔을 늘 명심해야 한다.

아직도 일제강점기의 상처가 아물지 않은 또 다른 역사 기록이 매장 문화재이다. 더더욱 안타까운 것은 마을 주민들이 가야 고총의 내부 구조를 모두 다 알고 있다는 것이다. 1989년 남원 유곡리·두락리 17호분은 매장 공간이 무너졌다는 주민들의 제보로 발굴 대상 무덤으로 선정됐다. 당시 발굴이 진행되면서 발굴단의 희망은 낙담으로 바뀌었다. 모두 네 차례의 도굴 피해를 입어 매장공간이 텅 비어있었기 때문이다. 큰 방이 있었다는 36호분은 백제계 돌방무덤으로 그 실체와 역사성을 세상에 알렸다. 운봉고원의 기문국과 백제가 정치적으로 첫 인연을 맺은 것이다.

2013년 32호 가야 고총은 으뜸 유물로 화답했다. 당시 두 가지 이유로 발굴 대상 무덤으로 선정됐는데, 하나는 봉분이 7번째 크기였고, 다른 하나는 봉분이 너무 심하게 훼손됐기 때문이다. 봉분이 너무 커 밭을 계단식으로 개간했는데 아무리 설명을 해도 무덤처럼 보이지 않는다는 사람들의 문의와 의혹이 많아서였다. 무엇보다 유적 한 가운데 터를 잡았는데 그 모습이 중환자처럼 너무 처참해서 최우선적으로 선정됐다. 성내마을 주민들도 조사 기간 내내 물심양면의 성원을 아끼지 않았다.

이때 가야 고총 최초로 금동신발과 청동거울이 나와 역사학계가 충격에 빠졌다. 금동신발은 백제왕이 기문국 왕에게 보낸 최고의 위세품으로 국내 교류에서 단연코 걸작품이다. 또 중국 남조에서 만들어진 청동거울은 무령왕릉 출토품보다 30여 년 앞서는 것으로 국제 교류의 백미이다. 여기에 모든 양식의 가야토기를 거의 다 모아 가야토기박물관을 만들었다. 당시 기문국이 동북아 문물교류의 교차점으로서 번성했음을 유적과 유물로 맘껏 뽐낸 것이다.

가야사를 흔히 '유적과 유물로 쓰는 역사'라고 하듯, 운봉고원의 유적과 유물은 기문국의 역사책으로 통한다. 하지만 『삼국사기』를 읽고 또 읽어도 가야를 만날 수 없다. 『삼국유사』에 기문국이 언급되지 않은 것은 백제에 일찍 복속됐기 때문이다. 앞으로 전북 가야사를 복원하려면 유적과 유물을 철통같이 잘 지켜야 한다. 흔히 역사는 기억하는 자의 몫이라고 한다. 한반도의 척추이자 자연 생태계의 보고로만 알려진 백두대간에 전북 가야가 있었다는 사실을 반드시 기억했으면 한다.

18장 —————————————————————

전북 가야 요람,
남원 월산리 고분군

　　　　　　1982년 3월 8일 전북 가야를 세상에 알리는 첫 발굴이 시작됐다. 광주와 대구를 잇는 88고속도로 건설공사 구역에 포함된 곳을 대상으로 발굴이 추진됐다. 당시 발굴을 이끈 주인공은 전북 고고학의 토대를 마련하신 원광대학교 전영래 교수였다. 전북 고고학의 발전과 그 자긍심을 세상에 알리기 위해 주옥같은 글로 평생 동안 헌신하신 분이다.

　　백두대간 아막성산 동쪽 기슭 반달모양으로 휘감은 산자락이 자생풍수에서 으뜸 명당이다. 남원시 아영면 월산리와 청계리 행정 경계를 이룬 산자락 정상부에 봉분이 잘 보존된 대형 고분이 무리지어 있었다. 모두 9기의 대형 고분은 3개의 구역으로 나누어 3기씩 골고루 분포되어 있었는데, 당시 발굴단이 서쪽에서 동쪽 방향으로 가면서 무덤의 이름을 붙였다.

　　88고속도로 공사 구역에 포함된 M1·2·3호분은 전면적인 발굴조사를 하고 M4호분은 간단하게 정리조사만 이루어졌다. 당시 M4·5·6호분이 유적의 중앙에 모여

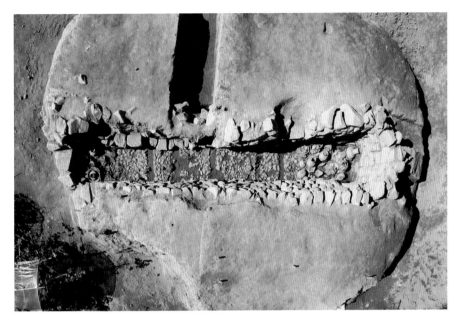

백두대간 동쪽 운봉고원 내 남원 월산리 M5호분 매장주체부 발굴 후 모습으로 단곽식이다.

있었고, M5·6호분 부근에 2채의 민가가 자리하고 있었다. 그리고 M7·8·9호분은 임야지대에 옹기종기 모여 있었는데, 1990년대 경지정리사업을 실시하는 과정에서 사진 한 장 남기지 않고 통째로 사라졌다.

　1982년 3월 17일 개토제를 지내고 발굴이 진행되면서 전북 가야가 그 실체를 드러냈다. 본래 백제 대형 고분으로 예상했던 조사단의 애초 기대와 달리 가야 고분으로 밝혀진 것이다. 일제강점기 때 입은 도굴의 상처가 아물지 않았지만 당시 역사학계를 충격 속에 빠뜨릴 정도로 대사건이었다. 전북 가야가 힘차고 당당하게 첫 걸음을 내딛었지만 그 감탄은 오래가지 못했다. 남원 월산리 M1·2·3호분이 가야 고총으로 밝혀졌음에도 고속도로 건설로 사라졌다. 당시 가야 고총의 현지 보존이 쉽지 않았겠지만 이전 보존 조치를 진행하지 않은 것은 반세기의 시간이 흐른 지금도 큰 아쉬움으로 남는다. 역사의 실체로까지 평가받고 있는 매장 문화재도 찰나의 실수로 사라지는 것이다. 너무 늦었지만 지금이라도 성찰의 자리가 마련됐으면 한다.

2010년 전북문화재연구원 주관으로 두 번째 발굴이 실시됐다. 남원 월산리 M4·5·6호분이 위치한 동쪽 구역을 대상으로 한국도로공사에서 88고속도로 확장공사를 추진했기 때문이다. 당시 발굴에서 큰 성과를 거두어 M5·6호분은 현지 보존이 결정됐지만 M4호분은 고속도로 건설로 없어졌다. 가야 고총이 기록 보존 조치로 자취를 감춘 것은 남원 월산리 M4호분이 처음일 것이다.

모두 두 차례의 발굴성과는 학계의 이목을 집중시켰다. M2·3호분 사이에 위치한 M1호분은 봉분이 서로 맞닿은 연접분連接墳으로 마한 묘제의 영향을 강하게 받았음을 세상에 알렸다. 가야의 영역에서 연접분은 전북 동부를 중심으로 소가야의 고성 송학동이 유일하다. M1호분에서 나온 금과 은으로 상감된 둥근 고리칼 손잡이는 단연코 삼국시대 최고의 주조기술 걸작품이다.

남원 월산리 M5호분은 부장유물로 국내외 문물교류의 역동성과 국제성을 맘껏 뽐냈다. 봉분은 남북으로 약간 긴 타원형이며 그 중앙에 매장공간이 자리를 잡았다. 매장공간은 길이 960cm로 가야 고총에서 가장 크다. 대가야, 소가야 등 다양한 양식의 가야토기가 함께 출토됐는데, 당시 철의 왕국 기문국이 영남의 가야 소국들과 경제 교류가 왕성했음을 유물로 입증한 셈이다.

가야 고총에서 한 점만 나온 중국제 청자는 국제 교류의 백미이다. 당시 차를 마시는데 쓰인 다기茶器로, 계수호 혹은 천계호로도 불린다. 기문국 왕이 저승에 가서도 차를 마시겠다는 염원이 담긴 위세품이다. 닭이 부리를 꽉 다문 형체로 백제 왕의 하사품보다 당시 기문국 사람들이 중국에 가서 손수 구입했을 것으로 추정되며, 중국 절강성 영파박물관 이군 관장의 고증에 따르면, 양나라 때 만든 중국제 청자 계수호가 남원 월산리 가야 고총에서 나온 것은 그 자체만으로도 대단히 중요하다고 평가했다. 2016년 필자가 중국 강소성 남경박물원 주관 국제학술회의 때 계수호를 발표했는데, 중국학자들은 중국에서도 최고 지배자 무덤에서만 출토되는 으뜸 부장유물이라고 입을 모았다.

신라 천마총과 황남대총 출토품과 흡사한 철제초두도 국내 교류의 으뜸이다. 철제초두는 발굴단이 두 눈을 의심할 정도로 보존 상태가 양호했는데, 그 비결은 니켈 철에 있다. 운봉고원 철광석은 니켈 함유량이 많아 최상급으로 평가받는다. 기문국이 니켈 철광석을 녹여 철을 생산하던 제련기술부터 주조기술까지 고루 갖춘 당시 '철의 테크노밸리'였음을 다시 한번 알 수 있는 대목이다.

남원 월산리 고분군은 2018년 6월 15일 전라북도기념물 제138호로 지정됐다. 현재 2기의 가야 고총이 힘겹게 유적을 지키고 있으며, 전북 가야의 희로애락을 잘 느낄 수 있는 곳이다. 현재 M5호분이 무덤 내부를 볼 수 있도록 노출전시 기법으로 정비 복원되어 있지만 관리가 제대로 되지 않아 유감스럽다. 바라건대, 유적 내 정자에 '월산정' 현판만이라도 걸어 앞으로 전북 가야를 반드시 기억하겠다는 다짐을 할 수 있다면 좋겠다.

19장 —————————————————

기문국 철의 장인들의
첨단 기술력

　　　　　　　　백두대간 산줄기 동쪽에 위치한 운봉고원은
문화권 및 생활권이 경남 서부지역과 가깝다. 이는 삼국시대 때 운봉고원을 중심
으로 단행된 행정구역의 개편과정을 통해서도 확인된다. 남원시 운봉읍은 신라 모
산현으로 경덕왕 16년(757) 운봉현으로 그 이름을 바꾼 이후에도 함양의 영현으로
편입되어 영남에 속했다. 그러다가 후백제 멸망 4년 뒤인 고려 태조 23년(940), 남
원과 처음 인연을 맺은 뒤 천년 이상 호남과의 만남을 지켜오고 있다. 한마디로 영
호남 소통과 화합의 DNA가 살아 숨 쉬는 곳이다.

　기문국이 그 존재를 세상에 알린 것은 1982년이다. 그해 원광대학교 마한·백제
문화연구소 주관으로 광주와 대구를 잇는 88고속도로공사에 포함된 가야 고총에
대한 구제발굴이 이루어지면서다. 당초 백제의 대형고분일거라는 고고학자들의 예
상과 달리 그 조영 주체가 가야로 밝혀지면서 비상한 관심을 끌었다. 백두대간 동
쪽 운봉고원에 지역적인 기반을 둔 가야 왕국의 존재를 처음으로 세상에 알린 역

　　　　　　　　　　　　　　　　　　　運봉고원의 철의 왕국, 기문국

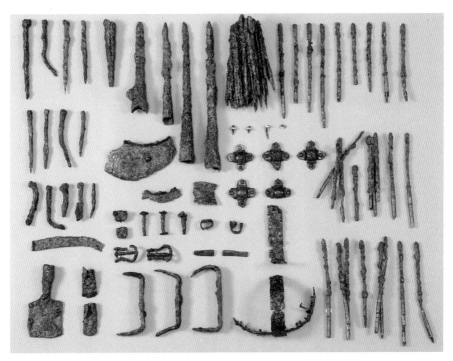

남원 유곡리와 두락리 32호분 출토 철기유물 모음으로 가야계 대부분 철제품이 나왔다.

사적인 명소이다.

당시만 해도 남원시 아영면 월산리에는 봉분의 직경이 20m 내외되는 10여 기의 가야 고총이 무리지어 있었다. 1980년대 농지정리사업으로 3기의 고총이 유실됐지만, 1982년과 2010년 두 차례의 구제발굴을 통해 그 전모가 파악됐다. 지금은 매장 공간의 내부가 노출된 M5호분과 원형의 봉분이 잘 정비 복원된 M6호분이 유적을 지키고 있다. 여기서 'M'자의 의미는 영어로 고분을 의미하는 'Mound'의 약자이다.

최근에는 남원 월산리 고분군 서쪽을 반달모양으로 휘감은 산줄기 정상부에서

◀남원 월산리 M1-A호 출토 환두대도 손
잡이편들로 당시 최고의 주조 기술을 자
랑한다.

10여 기의 가야 고총이 더 분포된 것으로 밝혀졌다. 가야 사람들은 현실세계의 왕
궁과 사후세계의 지하궁전인 무덤을 서로 마주보게 조성했다. 아영면 월산리 고분
군 인근 구지내기 마을은 월산리 가야 고총에 잠든 기문국의 왕들이 살던 왕궁터
가 아니었을까?

1982년 88고속도로 공사 구역에 포함된 M1·2·3호분을 대상으로 구제발굴이
이루어졌다. 모두 3기의 가야 고총은 봉분이 서로 맞닿은 연접분으로 그 전통이 마
한의 묘제에서 비롯됐다. 당시 발굴조사에서는 토기류와 철기류, 장신구류 등의 가
야 유물이 쏟아져 학계를 흥분시켰다. 그 중에서 월산리 M1-A호에서 나온 금은상
감 환두대도는 가야 유물의 백미로 손꼽힌다.

환두대도環頭大刀는 손잡이 부분에 둥근 고리가 달린 긴 칼로 왕 혹은 신분이 높은 사람의 무덤에서만 출토되는 위세품이다. 사극에서 후백제 견훤 왕이 허리에 찼던 긴 칼로 고고학의 유물로 고증됐다. 남원 월산리 M1호분 주인공의 허리부분에 부장된 환두대도는 일제강점기 도굴로 몸통부분이 없어지고 손잡이 부분만 남아있다. 유물의 보존 처리 과정을 거치면서 그 진짜 모습이 드러남으로써 역사학계를 충격 속에 빠뜨렸다.

쇠로 만든 손잡이는 쇠를 파내고 거북등무늬와 파도무늬를 은으로, 꽃무늬를 금으로 상감했고, 거북등무늬는 5~6세기 널리 유행했는데, 공주 무령왕릉, 고령 지산동 39호분에서도 나왔다. 이 손잡이의 문양으로 파악컨대, 삼국시대 상감 공예품 중 최고의 백미이다. 기문국의 왕이 지하궁전에 남긴 금은상감 환두대도 손잡이는 기문국 장인집단의 기술력을 포함한 기문국이 철의 테크노밸리로 융성했음을 방증해 주었다.

앞에서도 언급했듯이 우리나라에서 단일지역 내 제철유적의 밀집도가 가장 높은 곳이 운봉고원이다. 현재까지 학계에 보고된 운봉고원 제철유적은 40여 개소로 지리산 달궁계곡에서 마한 왕에 의해 처음 시작된 철산개발이 기문국까지 지속된 것으로 추측된다. 운봉고원 가야 고총에서 최초로 그 존재를 드러낸 금은상감 환두대도, 철제초두를 비롯하여 차양이 달린 복발형 투구, 역자형 비대칭 철촉 등 대부분의 철기류가 운봉고원에서 제작된 것으로 밝혀졌다. 동시에 기문국 지배자의 시신을 모신 목관에 사용된 꺾쇠는 기문국의 수장층 혹은 지배자와 관련이 있는 가야의 중대형 고총에서만 나왔다.

기문국은 철광석을 녹여 철을 생산하던 제련기술 뿐만 아니라 무쇠를 두드려 철제품을 가공하던 주조기술까지 하나로 응축된 철의 테크노밸리였다.

철제품 유통과
명품 토기 박물관

토기는 진흙으로 만들어 구운 그릇이다. 가야사 연구는 지역별로 독특한 모양과 특징을 담은 토기가 핵심을 이룬다. 가야토기는 금관가야와 대가야, 소가야, 아라가야, 창녕 양식 등이 가장 대표적이다. 전북가야는 지역성을 강하게 담은 토기 양식은 없지만 다양한 양식이 공존한다. 한마디로 '가야토기 박물관'이라 할 수 있는데, 이는 어떤 역사적인 의미를 띠는 것일까?

전북 동부에서 가장 이른 시기의 가야토기가 나온 곳이 장수 노하리 고분군이다. 2016년 장수읍 서쪽 봉황산에서 노하리 왕대마을까지 동북쪽으로 뻗어내린 산자락 정상부에서 4세기 후엽 늦은 시기 가야토기가 나왔다. 수혈식 석곽묘에서 나온 토기류는 아라가야와 대가야 양식, 백제토기가 함께 섞여있는데, 토기류의 조합상은 다양성으로 상징된다.

전북에서 마한계 최대 규모의 분묘유적으로 밝혀진 완주 상운리 출토품과 흡사한 토기류도 포함되어 있었다. 당시 반파국이 가야 소국들은 물론, 백제, 마한과 활발한 교류가 시작됐음을 살필 수 있다. 아마도 장수 노하리 부근에 위치한 장수 남양리에서 초기 철기시대 때 처음 시작된 철의 생산과 유통이 반파국에 이르러 더왕성하게 이루어졌음을 추론해 볼 수 있다.

2018년 장수군 천천면 삼고리에서도 반파국의 역동성이 또 한번 입증됐다. 반파국의 하위계층 분묘유적으로 봉분 위쪽에 주구를 두르고 반지하식 혹은 지상식 매장공간으로 이루어진 5기의 봉토분이 조사됐다. 봉토분은 토광묘와 수혈식 석곽묘로 구성된 매장공간의 바닥면 높이가 대부분 달라 추가장에 의한 다곽식으로 밝혀졌다. 봉분의 가장자리에 호석을 두른 흔적이 확인되지 않아 반파국 무덤의 지역성이 한층 더 높게 구체화됐다.

유물은 위신재로 알려진 금제이식과 오각형 철제대도를 중심으로 다양한 양식의 토기류가 나왔다. 토기류는 가야·백제·신라토기와 영산강 유역의 유공광구소호도 함께 나와 삼국시대 토기박물관을 방불케 했다. 여기에 다섯 가지 색깔의 구슬은 가야 영역에서 처음 출토된 것으로, 종전에 가야의 수장층 무덤에서 나왔던 유물이 반파국 하위계층 무덤에서 출토되어 비상한 관심을 끈 바 있었다.

1996년 진안 용담댐 수몰지구 내 진안 황산리 고분군도 전북 가야의 위상을 한껏 높였다. 백제토성으로 밝혀진 진안 와정토성에서 서쪽으로 350m 가량 떨어진 진안군 용담면 월계리에 위치한다. 가야의 수혈식 석곽묘에서 나온 토기류의 조합상은 다양한 백제토기가 유물의 절대량을 차지하고 있으면서 여기에 가야토기와 신라토기, 고구려토기도 섞여있었다.

1972년에는 임실읍 금성리 화성마을 동남쪽 산에서 나무를 심는 사방공사를 실시하는 과정에 3기의 고분이 우연히 발견됐다. 당시에 유구가 심하게 훼손되어 고분의 구조를 상세히 파악하지 못했지만 수혈식 석곽묘로 추정됐다. 모두 5점의

▶남원 월산리 고분군
M1-A호에서 나온
유개장경호와 기대.

운봉고원의 철의 왕국, 기문국

남원 월산리 M5호분 출토 토기 모음으로 최상급 가야토기를 거의 다 모았다.

토기류는 한 점의 가야토기를 제외하면 모두 백제토기였다. 섬진강 유역의 강한 지역성으로 가야토기와 백제토기가 반절씩 섞여있었다.

　2018년 백두대간 서쪽 무주군 일대로 신라의 진출이 유적과 유물로 밝혀졌다. 백제 웅진기 동안 사신들이 오갔던 옛길이 금강을 건넜던 무주읍 용포리 부근에 무주 대차리 고분군이 위치한다. 유물은 6세기를 전후한 시기의 신라토기가 대부분을 차지하고 일부 가야토기가 섞여있었다. 금강을 중심으로 그 동쪽에 위치한 무주군 무주읍 일대로 신라의 서진西進을 신라토기로 방증했다.

　백제와 가야, 신라를 연결해 주던 여러 갈래의 교역망이 그물조직처럼 잘 갖춰진 곳이 전북 동부이다. 가야의 석곽묘에서 나온 가야토기는 금관가야와 대가야 등 대부분 가야 양식의 토기를 포함한다. 여기에 백제토기와 신라토기, 고구려토기가 함께 부장된 곳은 진안고원이 유일하다. 진안고원의 철산지를 장악하려는 삼국

철제품 유통과 명품 토기 박물관

장수 동촌리 고분군 출토 토기 모음.

　의 국가 전략과 무관하지 않을 것이다.

　　전북 동부에서 백제계 토기는 4세기 말엽 처음 등장하기 시작한다. 동시에 가야토기도 4세기 말엽 늦은 시기부터 수혈식 석곽묘에 부장된다. 백제의 진출 이후 마한의 토착세력집단이 가야 문화를 받아들여 전북 가야가 가야 왕국으로까지 발전했음을 알 수 있다. 그렇게 본다면 전북 가야는 150년 이상 대규모 철산개발로 철의 왕국으로 융성하다가 백제에 복속된 것 같다.

　　전북은 동철서염으로 회자되고 있는데, 전북 동부에서 학계에 보고된 제철유적이 250여 개소에 달해, 우리나라에서 최대 규모의 철산지로 다양성과 역동성으로

장수 삼고리 고분군 출토 토기 모음.

상징된다. 전북 동부에서 생산된 철을 확보하고 공급하기 위해 최상급 토기를 가지고 철산지 전북 가야를 방문했던 것으로 추정된다. 즉 최상급 토기류는 전북 동부에서 생산된 철을 구입하기 위한 물물교환의 증거물이다. 그러다가 봉화 왕국 반파국에서 가야토기를 손수 만들기 시작하지 않았을까?

백제가 공주로 도읍을 옮긴 뒤 한동안 정치적 혼란에 빠지자 반파국이 백제 영역으로 진출해 가야 봉화망을 구축했다. 그러자 반파국의 철 생산과 유통이 중단됨으로써 끝내 가야토기를 직접 만든 것 같다. 거의 가야토기를 흉내 낼 정도로 조잡한 것이 두드러진 특징으로 대부분 반파국의 가야 봉화에서 주로 나왔다.

왕은 금동신발을 신고 떠났다

운봉고원은 신선의 땅으로 불리는 곳으로 백두대간 산줄기가 사방을 병풍처럼 휘감고 있다. 운봉고원 동북쪽에 아영분지가 있는데, 김부식이 편찬한 『삼국사기』에 아영阿英이 등장한다. 1500년 동안 운봉고원을 무대로 흥망성쇠를 꼼꼼히 기록한 역사책과 같은 지명이 아영이다.

백두대간 봉화산에서 한 갈래의 산줄기가 남쪽으로 늠름하게 이어지면서 전북과 경남의 경계를 이룬다. 마치 산의 모습이 솔개가 날아가는 형상을 닮은 연비산에서 한 갈래의 산자락이 서쪽으로 아영분지 한복판까지 뻗어 내렸다. 어디에서 봐도 한눈에 산자락이 쏙 들어와 가야 사람들이 왕의 무덤을 조성하는데 제일 좋아하던 명당이다.

남원시 인월면 유곡리와 아영면 두락리 행정 경계를 이룬 산자락에 크고 작은 산봉우리들이 무리지어 있다. 현재 소나무가 무성하게 숲을 이루고 있어 언뜻 보면 산봉우리로 보이겠지만 모두 가야 왕릉이다. 연비산에서 서쪽으로 쭉 뻗은 산자락 정상부를 중심으로 남쪽 유곡리와 북쪽 두락리에 골고루 분포되어 '남원 유곡리와 두락리 고분군'이라고 이름을 붙였다.

남원 유곡리와 두락리 고분군처럼 가야 고총이 사방에서 한 눈에 보이는 산줄기 정상부에 터를 잡은 것은 왕릉의 봉분을 산봉우리처럼 훨씬 크게 보이게 함으로써 무덤 주인공의 신분이나 권위를 극대화하려는 정치적인 목적이 담겨있다. 고구려와 신라의 왕릉이 구릉지와 평지에 백제가 산봉우리 남쪽 기슭에 왕릉을 조성한 것과 확연히 다르다. 삼국과 구별되는 가야만의 독자적인 장례문화와 장례풍습을 가지고 있었음을 말해주는 고고학적 증거이다. 남원 유곡리와 두락리에는 산자락 정상부에 봉분의 직경이 30m 이상 되는 10여 기의 초대형급 가야 고총도 분포되어 기문국의 발전상을 잘 보여준다. 본래 봉분의 크기만을 기준으로 평가한다면 모든 가야의 영역에서 최대 규모를 자랑한다.

2013년 남원시의 지원으로 전북대학교 박물관 주관으로 학술발굴이 이루어졌다. 당시 산자락 정상부에 자리한 유곡리·두락리 32호분이 선정됐는데, 봉분은 그 직경이 일곱 번째 크기였다. 봉분의 정상부를 평탄하게 다듬고 밭을 계단식으로 만들 정도로 그 규모가 대단히 컸다. 지금은 전북 동부에서 그 존재를 드러낸 420여 기의 가야 고총 중 처음으로 정비 복원됐다.

봉분 내에서 상당량의 말뼈가 수습되어 발굴단을 흥분시켰다. 1500년 전 기문국 사람들이 왕릉을 만들면서 정성스럽게 제사를 지낸 뒤 봉분에 넣어 둔 것으로 보이는데, 마한 사람들이 장례를 치를 때 말뼈를 사용했다는 문헌의 내용을 유적과 유물로 증명했다. 기문국과 반파국 등 전북가야의 묘제가 마한에서 비롯됐음을 거듭 확인시켰다.

봉분의 중앙에 배치된 주석곽과 그 북쪽에서 부장곽이 모습을 드러냈다. 주석

남원 유곡리와 두락리 32호분 출토 금동신발편으로 그 속성이 익산 입점리 출토품과 흡사하다.

곽은 무덤 주인의 시신을 모신 매장공간으로 벽석이 무너진 것을 제외하면 그 보존 상태가 비교적 양호했다. 부장곽은 유물을 보관하던 부속시설로 서쪽이 도굴 피해를 입었다. 토기류와 철기류, 장신구류 등 거의 모든 가야 유물이 함께 쏟아졌는데, 단연코 최고의 걸작품은 역시 금동신발金銅飾履이다.

　남원 유곡리와 두락리 32호분 주석곽의 서쪽에 부장된 금동신발은 피장자의 발 부근에서 금동신발편·영락·영락고리·금동못과 함께 나왔다. 신발의 몸통에 두드려 낸 마름모무늬와 쇠붙이 장식이 공주 무령왕릉과 익산 입점리 1호분, 나주 신촌리 9호분 출토품과 속성이 거의 상통한다. 백제왕이 기문국 왕에게 보낸 위세품으로 당시 백제와 기문국이 정략관계였음을 말해준다.

삼국시대 때 금동신발이 나온 무덤은 대부분 왕릉이나 백제 왕후제와 관련하여 최고의 권력자 혹은 지방 거점세력의 수장층 무덤으로 비정됐다. 따라서 모든 가야 고총에서 유일하게 나온 금동신발은 기문국의 존재를 고고학적으로 뚜렷하게 뒷받침해 주었다. 1500년 전 백제가 철의 왕국 기문국을 얼마나 중시했던가를 백제왕이 보낸 금동신발이 반증해 준 것이다.

2013년 남원 유곡리와 두락리 32호분에서 나온 금동신발은 백제왕이 철산지이자 문물교류의 관문으로 당시에 번영을 누린 기문국의 왕에게 보낸 권력의 상징물이다. 동시에 당시 철의 생산과 유통이 담긴 물물교환의 증거물이다. 백두대간 속 운봉고원에 지역적인 기반을 두고 가야 왕국으로까지 발전했던 철의 왕국 운봉가야는 문헌 속 기문국이었음을 유물로 증명한 것이다.

당시의 기록으로 알려진 중국, 일본 문헌에 자주 등장하는 가야 왕국이 기문국임을 확인할 수 있는데, 이는, 남원 유곡리와 두락리 32호분에서 공주 무령왕릉 출토품과 흡사한 금동신발과 청동거울獸帶鏡, 모든 가야의 영역에서 한 점씩만 나온 으뜸 위세품들, 즉 수대경, 철제초두, 계수호 등은 운봉고원 가야 왕국 기문국의 국제성과 역동성을 다양한 유물로 방증해 주었다.

22장 ──────────────────────────────

철 생산과
유통망의 중심지

전북혁신도시는 경기도, 충청도보다 더 이른
시기에 철기문화가 전래됐다. 한 세기 동안 전북혁신도시에 머문 선진세력이 지리
산 달궁계곡으로 이동했을 것으로 추론했다. 기원전 84년 마한 왕이 전쟁이 일어
나자 지리산 달궁계곡으로 피난을 갔다는 것이다. 지리산 달궁계곡에서 70년 이상
나라를 다스리는 동안 운봉고원 제철유적이 처음 개발됐을 개연성이 높다.

372년 백제 근초고왕이 곡나철산谷那鐵山에서 생산된 철을 가지고 칼, 거울 등
여러 가지 귀한 보물을 만들어 왜의 조정에 보냈다. 일제강점기부터 곡나의 지명 음
상사에 근거를 두고 연구가 시작됐다. 이제까지 곡나철산의 위치 비정과 관련해서
황해도 곡산설·안협설, 충주설, 여주설, 보은설 등이 있었는데, 전남 곡성설이 발표
된 뒤 역사학계의 적지 않은 반향을 불러 일으켰다.

그런데 진작 전남 곡성군에서는 여전히 제철유적이 학계에 보고되지 않고 있다.
다만 운봉고원에서 생산된 철이 섬진강 내륙수로로 유통됐을 개연성이 상당히 높

아, 운봉고원에서 시작된 여러 갈래의 교통로가 전남 곡성군 고달면 대사리에서 하나로 합쳐지기 때문이다. 섬진강 본류에 요천·수지천·곡성천 등 여러 갈래의 지류들이 합류하는 교통의 중심지이자 전략상 요충지로 그 부근에 남원 세전리, 곡성 대평리가 있다.

여태까지는 지명의 음상사와 철산지를 서로 연결시켜 그 위치를 비정했기 때문에 문헌의 핵심 내용을 충족시켜 주지 못했다. 백제의 도읍에서 7일을 가도 도달하지 못하고 강의 발원지를 거느리고 있다는 두 가지의 내용도 검토되어야 하는데, 이 두 가지의 조건을 한꺼번에 충족시켜 주는 곳이 운봉고원이다. 조선시대 이몽룡이 남원에 암행어사로 출두할 때 서울에서 남원까지 7일이 소요됐고, 태조 이성계의 초상화를 전주 경기전까지 이송하는데 6일 쯤 걸렸다. 그리고 전주에서 남원까지는 하루를 더 가야한다.

운봉고원은 또한 남강과 섬진강 발원지를 함께 거느린다. 운봉고원의 적신광천, 풍천이 산내면 소재지에서 만수천과 합친 뒤 임천강으로 들어가 동남쪽으로 흘러 남강으로 들어간다. 또한 운봉고원 서남쪽 만복대 북쪽 기슭에서 섬진강 지류 요천이 발원한다. 문헌 속 두 가지의 필수조건을 모두 다 충족시켜 주는 곳이 대규모 철산지로 주목 받기 시작한 운봉고원이다. 더군다나 운봉고원 철은 최상급으로 평가받는 니켈 철이다.

가야의 영역에서 백제토기가 가장 일찍 출현하는 곳도 운봉고원이다. 남원 월산리·행정리 수혈식 석곽묘에서 백제계 광구장경호가 출토됐는데, 그 시기는 대체로 4세기 말엽 늦은 단계로 편년됐다. 천안 용원리, 완주 상운리, 고창 신월리에서 나온 광구장경호와 유물의 속성이 쏙 빼닮았다. 한성기 백제의 중앙과 경남 서부지역을 잇는 간선교통로인 백두대간 치재로가 운봉고원을 통과하는 지리적인 요인과 관련

▲ 남원 월산리 M5호분 출토 무구류로 운봉고원과 일본열도에서 집중 출토되어 큰 관심을 끈다.

운봉고원의 철의 왕국, 기문국

이 깊다. 여기에 철의 생산과 유통도 적지 않은 영향을 미쳤을 것으로 짐작된다.

남원 월산리 M1-A호에서 나온 금은새김 고리자루 칼에서 최고의 철제품 제작 기술도 확인됐다. 남원 월산리·유곡리·두락리 가야 고총에서 나온 복발형 투구 등 철기류가 기문국에서 직접 가공한 것으로 밝혀졌다. 그렇다면 요사이 대규모 철산지로 이목을 집중시킨 운봉고원과 곡나철산과의 연관성도 배제할 수 없다. 다행히 철과 철광석, 슬래그는 인간의 DNA처럼 고유한 구조를 가지고 있기 때문에 시료의 분석이 요망된다.

운봉고원 제철유적이 언제부터 개발됐는지, 아직은 기록이 없고 발굴조사가 미진하여 그 시기를 속단할 수 없다. 삼국시대 때의 철산개발은 어느 집단의 성장을 촉진하는데 경제적인 밑바탕의 하나로 해석되고 있다. 그리하여 가야 왕국들이 제철유적을 장악했을 때 대부분 중심세력으로 발돋움했다. 운봉고원에서 180여 기의 마한 분구묘와 가야 고총이 학계에 보고되어 철산개발로 융성했던 기문국의 존재를 알렸다.

『세종실록지리지世宗實錄地理志』에 67개소, 『동국여지승람』에 83개소의 철산지가 소개되어 있는데, 운봉고원 제철유적은 한 곳도 그 이름을 올리지 못했다. 이것은 삼국시대 이후 문헌에 운봉고원 제철유적이 등장하지 않기 때문에 후백제 멸망과 함께 철산개발이 일시에 중단된 것으로 추정된다. 운봉고원 제철유적의 운영 주체와 운영 시기를 밝히기 위한 전라북도와 남원시의 무한도전에 큰 박수를 보낸다.

다른 한편으로 남원 월산리·유곡리·두락리에 가야 고총을 남긴 기문국에 의해 운봉고원 제철유적이 보다 더 역동적으로 운영됐을 것으로 추측된다. 여기에 운봉고원을 중심으로 그물조직처럼 잘 갖춰진 교역망을 이용하여 운봉고원에서 생산된 양질의 철이 널리 유통된 것 같다. 가야 영역에서 유일하게 동북아를 아우르는 유

남원 월산리 M5호분 계수호 및 철제 초두 출토상태.

남원 월산리 M5호분에서 나온 철제 초두.

운봉고원의 철의 왕국, 기문국

물이 다 나왔다는 것이 이를 입증해 주는 것이다.

마한 왕부터 시작된 철 생산이 기문국의 등장과 함께 한층 더 본격화되면서 운봉고원이 가야의 거점지역으로 발돋움했고, 백제를 비롯하여 대가야, 소가야 등의 유물이 공존하는 것은 운봉고원의 철 생산과 유통을 유물로 보여주는 것이다. 철은 그 가치가 높아 소비자가 철산지를 직접 방문해서 구입한 것으로 알려졌으며, 운봉고원에서 생산된 철은 니켈이 함유된 최상급 철이다.

그렇다면 운봉고원에서 생산된 니켈 철을 안정적으로 확보하고 공급하기 위해 당시 각 나라에서 앞 다투어 최고급 위세품과 최상급 토기류를 운봉고원으로 보낸 것 같다. 미국 코넬대 이송래 교수는 운봉고원에서 생산된 철을 확보하기 위해 당시 운봉고원 기문국으로 보낸 물품 가운데 쌀이 가장 많은 양을 차지했을 거라고 당시 물물교환의 역사성을 피력했다.

남원 월산리 M5호분에서 나온 토기류도 가야토기 박물관을 방불케 했다. 대가야·소가야 양식의 토기가 많은 양을 차지하는 것은 기문국이 대가야, 소가야와 활발하게 경제 교류했음을 알 수 있으며, 동시에 기문국에서 생산된 철이 널리 유통됐음을 말해준다. 한마디로 신선의 땅으로 유명한 운봉고원은 철의 생산과 유통을 일목요연하게 보여준 대규모 철산지인 것이다.

운봉고원은 철산개발로 백제와 가야, 신라의 유물이 공존하는 물물교류의 허브였다. 운봉고원 제철유적의 밀집도가 높은 지역임에도 불구하고 단순히 대가야의 변방 혹은 지방으로 회자되고 있다. 운봉고원 제철유적은 가야 왕국으로까지 발전했던 기문국의 발전상이 올곧게 담긴 블랙박스와 같은 곳이다. 향후 운봉고원 제철유적의 실체를 밝히기 위한 학계의 관심과 행정당국의 지원이 요망된다.

23장

동북아 문물교류의
중심이 되다

479년 가라왕 하지가 중국의 남제로부터 보국장군본국왕輔國將軍本國王으로 책봉됐다. 565년 신라가 북제로부터 처음 책봉됐기 때문에 가라는 신라보다 86년이나 일찍 책봉을 받았다. 이때 가라왕을 대가야왕으로 본 견해가 큰 지지를 받고 있다. 그럼에도 불구하고 대가야에서는 중국제 유물이 출토되지 않았고, 기문국 가야 고총에서는 중국제 청자 계수호와 청동거울, 왜계 유물이 나왔다.

백두대간 시리봉 동쪽 기슭 말단부에 남원 월산리·청계리 고분군이 위치하고 있는데, 본래 10여 기의 가야 고총이 옹기종기 모여 있었다. 모두 두 차례의 발굴성과를 토대로 2018년 전라북도기념물 제138호로 지정됐다. 2019년 국립나주문화재연구소 주관으로 월산리 서쪽을 반달모양으로 휘감은 산자락 정상부에 자리한 가야 고총을 대상으로 3차 학술발굴도 마무리됐다.

2010년 계수호가 남원 월산리 M5호분에서 나와 주목을 받았다. 밭 한 가운데 터를 잡은 가야 고총으로 본래 봉분은 그 평면형태가 장타원형이었다. 봉분의 중앙에는 크고 작은 할석을 가지고 쌓은 매장공간이 마련됐는데, 매장공간은 그 길이가 960cm로 가야 고총 중 월등히 크다. 본래 매장공간 천정을 덮었던 뚜껑돌이 일부 없어져 도굴의 피해를 입었지만 부장유물이 풍부하게 나왔다.

매장공간은 남북으로 장축 방향을 두었는데, 무덤 주인공의 시신을 모신 목관을 중앙에 배치하고 그 양쪽을 유물로 가득 채웠다. 계수호는 주인공의 머리부분에 해당하는 북쪽에서 금제이식과 철제초두, 상당량의 토기류와 함께 나왔다. 그리고 서쪽에서는 마구류와 무구류, 농공구류, 토기류 등이 출토됐는데, 운봉고원에서 만들어진 복발형 투구는 일본에서 더 많이 나왔다.

모든 가야 영역에서 한 점만 나온 계수호는 중국에서도 최상급 위세품으로 평가받는다. 본래 차를 담는 용기로 몸통에 달린 닭 머리가 입을 다물어 무덤에 넣기 위한 명기로 짐작된다. 당시 중국과의 문물교류의 상징물로 기문국의 국제성을 대변해 준다. 따라서 남원 월산리 M5호분은 봉분의 크기와 매장공간의 규모, 계수호와 철제초두 등 최상급 부장유물을 근거로 기문국의 발전상을 대변한다.

남원 월산리에서 동쪽으로 1.5km 떨어진 산자락에 남원 유곡리와 두락리 고분군이 있다. 2013년 남원 유곡리와

남원 월산리 M5호분 출토 중국제 청자 계수호.

두락리 32호분 주석곽에서 한 점의 청동거울이 출토되어 기문국의 국제성을 다시 뽐냈다.

2018년 3월 28일 호남지방에서 최초로 가야 관련 국가 사적 제542호로 지정됐고, 당시의 여세를 몰아 가야고분군 세계유산 최종 목록에도 그 이름을 당당히 올렸다.

주석곽 머리쪽에서 나온 청동거울은 직물로 싼 뒤 등 부분이 위로 향하도록 나무 상자에 넣어

남원 유곡리와 두락리 32호분 출토 중국제 청동거울.

부장됐다. 등 부 분 중앙에 배치된 원형 손잡이를 중심으로 의자손宜子孫 명문과 서수문瑞獸文이 표현되어 있는데, 의자손은 자손이 번성하기를 기원한다는 의미이다. 등 부분에 붙은 7개의 작은 손잡이 사이에 동물 문양을 새겨 '의자손 수대경獸帶鏡'이라고 부른다.

우리나라에서 의자손 수대경은 무령왕릉 출토품이 유일하다. 중국에서 만들어진 청동거울로 일본에서는 오키노시마沖ノ島와 사사하라笹原, 에다후나야마江田船山 고분에서 나왔는데, 유물의 속성이 서로 닮았다. 남원 유곡리와 두락리 고분군 내 가야 고총에서 의자손 수대경이 출토됨으로써 기문국이 동북아 문물교류의 교차점이었음이 입증됐다.

2018년에는 장수군 천천면 삼고리 고분군에서 오색옥五色玉이 출토되어 학계

운봉고원의 철의 왕국, 기문국

의 이목을 집중시켰다. 백두대간 서쪽에 가야왕국이 존재한다는 역사적 사실을 처음 제공한 곳이 장수 삼고리 고분군이다. 무덤은 망자의 쉼터이자 새로운 보금자리다. 동남아시아에서 만든 것으로 추정되는 오색옥이 반파국의 하위계층 무덤에서 출토된 것은 당시 국내외 교류 및 교역을 뒷받침해 준다.

장수 삼고리 고분군에서는 우리나라에서 최초로 마한과 백제, 가야, 신라토기가 한 분묘유적에서 함께 출토되어 당시 물물교환을 유물로 보여주었다. 장수 삼고리 3호분에서 나온 오색옥은 동남아시아에서 제작된 것으로 나주 정촌에서는 삼색옥이 나온 바 있다. 반파국이 철의 생산과 유통으로 발전했음을 유물로 입증해 주는 것이다.

전북 가야는 동북아 문물교류의 허브였다. 운봉고원의 지배자부터 반파국의 백성에 이르기까지 역동적인 문물교류의 국제성을 일목요연하게 수놓았다. 중국제 청자 계수호와 의자손 수대경, 동남아에서 바닷길로 전해진 오색옥도 전북 가야의 분묘유적에서만 나왔다. 중국을 출발해 우리나라를 거쳐 일본까지 이어진 동북아 교역로의 교량 역할을 전북 가야가 내내 전담했던 것이다.

터키 히타이트 철기문화가 실크로드를 경유하여 중국 산동반도에서 바닷길로 전북에 전래됐고, 새만금과 산동반도를 쿠로시오해류가 운명적인 만남으로 이끌었다. 또한 제나라 전횡과 고조선 준왕의 선진세력은 만경강 유역을 초기 철기문화의 메카로 이끌었다. 전북혁신도시를 한반도 테크노밸리로 이끈 전횡 후예들이 한 세기 뒤 지리산 달궁계곡과 장수 남양리 일대로 이주한 것이 아닌가 싶다.

삼국의 격전지,
그리고 아막성 철의 전쟁

어느 누구도 제철유적을 으뜸 유적으로 손꼽는데 주저하지 않는다. 그 이유는 철광석을 녹여 철을 생산하던 제철은 국력의 원천이기 때문이다. 철은 첨단기술의 결정체이자 물물교환에서 단연코 으뜸 교역품이다. 전북 동부에서 250여 개소의 제철유적을 찾은 것은 가야사 국정과제 중 가장 큰 성과물이다. 아직은 발굴이 이루어지지 않아 전북 가야와의 연관성이 검증되지 않았지만 그 의미를 분석하려고 한다.

운봉고원에서 제철유적이 그 실체를 맨 처음 드러낸 것은 거의 기적에 가깝다. 2014년 군산대학교 고고학팀이 지리산 달궁계곡에서 1박 2일로 워크숍을 개최했다. 필자는 이른 아침 달궁계곡에서 황갈색 녹물을 우연히 보고 제철유적의 존재 가능성을 머릿속에 떠올렸다. 그해 가뭄이 너무 심해 철광석에서 뿜어낸 녹물이 달궁계곡 바위를 진한 황갈색으로 수놓았다.

군산대학교 발굴단 발굴 작업에 참여한 주민의 증언도 큰 몫을 했다. 몇 년 전

지리산 달궁계곡으로 가족끼리 물놀이를 다녀왔는데, 당시 달궁계곡에서 쇠똥을 보았다고 했다. 지리산 반야봉 북쪽 기슭에서 발원하여 달궁계곡으로 흘러드는 하점골 계곡에 쇠똥이 수북이 쌓여있다는 것이다. 철광석이 뿜어낸 녹물과 주민의 제보가 제철유적을 세상에 알리는 단초가 됐다.

군산대학교 고고학팀은 자체 지표조사를 실시하여 10여 개소의 제철유적을 찾았다. 전주문화유산연구원에서 예산과 인력을 지원받아 조사한 결과 그 수가 20여 개소로 늘어났다. 그러다가 2017년 가야사 국정과제 일환으로 정밀 지표조사를 실시하여 40여 개소의 제철유적이 학계에 보고됨으로써 전국에서 단일 지역 내 제철유적의 밀집도가 월등히 높은 곳이 운봉고원임이 밝혀진 것이다.

문화재청에서 긴급 발굴비를 지원해 줌으로써 운봉고원 제철유적이 긴 잠에서 깨어나게 되었다. 전라북도와 남원시도 예산을 넉넉히 편성해 주어 제철유적의 운영 시기와 운영 주체를 밝히기 위한 뜻깊은 발굴도 시작됐다.

운봉고원 철기문화의 역동성을 가장 잘 대변해 준 곳이 아영면 봉대리 고분군이다. 백두대간 남쪽 기슭 하단부에 위치한 신라 무덤에서 가야·백제·신라토기가 함께 나온 것으로 보아 운봉고원이 삼국의 격전지이자 충돌의 현장이었음을 알 수 있다. 무슨 이유로 삼국이 해발 500m 이상 되는 고원지대에 국력을 쏟았을까? 아무리 생각해 봐도 당시 철산지를 장악하려는 삼국의 국가 전략과 무관하지 않다.

이제까지 운봉고원에서 학계에 보고된 지배자 무덤은 180여 기에 달한다. 마한의 지배자 무덤으로 알려진 말(몰)무덤과 가야 고총이 여기에 해당된다. 아직은 말(몰)무덤을 대상으로 한 차례의 발굴이 이루어지지 않았지만 가야 고총은 그 실체가 파악됐다. 가야 고총은 봉분을 만든 뒤 다시 파내어 매장시설을 마련했는데, 무덤을 만드는 방법은 마한의 전통을 그대로 계승했다.

백두대간 치재에서 바라 본 남원 아막성 항공사진이다. 사진 상단부 좌측 산봉우리가 백두대간 최종 종착지 지리산 천왕봉이며, 우측 중단부 산봉우리가 남원 시리봉 봉화이다. 이 봉화에서 동쪽으로 뻗은 산자락 하단부에 남원 청계리·월산리 고분군이 자리한다. 사진 중단부 좌측이 남원 건지리 고분군이다.

▲ 남원 아막성 신라계 집수시설 발굴 후 모습이다. 군산대학교 가야문화연구소 주관으로 아막성
의 초축과 증축, 수축 등을 검증하기 위한 발굴조사가 진행 중이다. 집수시설에서 슬래그와 노
벽편이 출토되어 큰 관심을 끌었다.

자연스럽게 기원전 84년 지리산 달궁계곡을 피난처로 삼은 마한 왕의 이야기를 다시 꺼내야 할 것 같다. 운봉고원에서 가야 왕국으로까지 발전했던 기문국의 뿌리가 마한에서 비롯됐다는 것이다. 기문국은 철산개발로 융성하다가 봉화 왕국인 반파국과 백제의 3년 전쟁에서 백제가 승리함으로써 결국 백제에 복속됐다. 하지만 무덤을 만드는 마한의 전통은 기문국이 멸망할 때까지 거의 변하지 않고 계속됐다.

백제 무령왕은 운봉고원 철산지를 장악함으로써 백제를 중흥기로 이끌었고, 538년 성왕은 도읍을 공주에서 부여로 옮겼다. 그러다가 554년 옥천 관산성 전투에서 성왕이 전사함으로써 운봉고원 철산지가 한순간에 신라의 영역으로 편입된 것이다. 기문국과 백제, 신라가 철산지 운봉고원에 국력을 쏟아 하나의 무덤에서 삼국의 유물이 공존하는 것으로 보아 당시 운봉고원을 장악한 나라가 패권을 쥐었던 것이다.

운봉고원 철의 전쟁은 이쯤에서 멈추지 않았다. 백제 무왕은 왕위에 오른 뒤 3년(602)만에 4만의 병력을 동원하여 신라 아막성을 공격했지만 참패로 끝났다. 운봉고원 서북쪽 관문 치재 부근 성리산성을 아막성으로 비정하는데 학자들 사이에 이견이 거의 없다. 『삼국사기』 최대의 화약고로 불리는 아막성 전쟁은 20년 이상 계속됐는데, 백제가 승리하여 운봉고원을 탈환하는데 성공한다.

백제 무왕은 철산개발로 익산 왕궁유적, 미륵사 등 대규모 국책사업을 펼쳤을 것으로 추측되며, 이러한 운봉고원 철산개발은 후백제까지 그대로 이어진 것 같다. 실상사 3대 조사 편운화상이 잠든 부도탑에 후백제 연호 정개正開가 그 역사성을 뒷받침한다. 고려는 후백제 멸망 4년 뒤 남원경을 남원부로 바꾸고 운봉고원의 관할권을 천령군에서 남원부로 옮겼다. 1000년 동안 끊어지지 않고 계속된 운봉고원의 철산개발과 철의 전쟁이 마침내 멈추게 된 것이다.

25장

철기문화의 백미,
실상사 철불을 찾다

　　　　　　　　　　　　　우리 선조들이 철에 장인의 혼을 불어넣어
예술적인 작품으로 승화시킨 것이 철불이다. 통일신라 말에서 고려 초까지 선종의
영향을 받아 만든 철불이 널리 유행했다. 우리나라에는 운봉고원 실상사 철조여래
좌상을 비롯하여 72구의 철불이 남아있다.

　　운봉고원 실상사 철조여래좌상은 그 보존상태가 양호하고 높이 273.59cm의
대형 불상으로 통일신라 선종불교의 기념비적인 불상으로 평가받고 있다. 더욱이
실상사 철조여래좌상이 철불의 첫 장을 열었음에도 불구하고 철불의 조성 배경과
관련하여 운봉고원의 내부적인 요인에 대한 논의가 거의 없었다.

　　지리산 실상사는 전북과 경남을 이어주는 옛길이 통과하던 길목에 위치하며,
선종 구산선문 최초로 개창된 실상산파의 본사다. 흥덕왕 3년(828) 당나라에서 귀
국한 홍척에 의해 창건된 사찰로, 우리나라 단일 사찰 중 국가 지정문화재가 가장
많은 곳이기도 하다. 국보 제10호 남원 실상사 백장암 삼층석탑과 보물 제33호 남

원 실상사 수철화상탑 등 10여 건이 보물로 지정됐다.

840년 홍척국사 입적 이후 제자 수철화상이 실상산문의 2대조에 올랐고, 문성왕의 후원으로 실상사의 사역을 확장하는 과정에 철불이 조성된 것으로 추정된다. 즉 문성왕의 후원을 받은 수철은 당시 빈번하게 일어났던 전쟁으로부터 사찰을 보호하고 나아가 남원전쟁에서 억울하게 희생당한 망자의 혼을 달래기 위해서 철불을 조성했다는 것이다.

실상사 철불의 조성 시기에 대해서는 실상사 창건(828)과 함께 조성된 것으로 보는 견해, 흥덕왕 3년(828)부터 문성왕 19년(857) 사이로 보는 견해, 840년부터 856년 사이로 보는 견해, 보림사 철불이 조성된 858년부터 도피안사 철불이 만들어진 865년 사이로 보는 견해 등이 있다. 아직은 학자들마다 견해를 달리하고 있지만 철불의 본향에서는 의견을 같이 한다.

즉 실상사 철불이 우리나라의 철불 중 가장 이른 시기에 만들어져 철불의 효시를 이룸에 따라 남원 실상사 역시 철불의 본향이자 철불의 요람으로 통하고 있다. 실상사와 그다지 멀지 않은 남원 선원사와 임실 진구사지에도 철불이 조성되어 하나의 분포권을 형성하고 있고, 선종 구산선문 중 전라도에 속한 동리산파의 태안사와 가지산파의 보림사에도 철불이 조성됐다.

신라하대의 석조불상은 대부분 아담한 체구에 여성적이고 온화한 상호가 큰 특징이다. 그러나 분할주조법으로 만든 실상사 철조여래좌상은 옆으로 뻗은 눈과 짧은 코, 두툼한 입술, 길게 늘어진 귀에 신라하대의 불상양식이 잘 표현되어 있다. 불상의 어깨와 배 위에 새겨진 층이 진 두꺼운 띠 주름의 표현에서 신라하대에 유행한 조각의 특징이 뚜렷하다.

2011년 국립중앙박물관에서의 정밀 계측조사를 통해 철조여래좌상의 외형이

남원 실상사 철조여래좌상(사진 분도).

40개 이상의 조각으로 분할되어 주조되었음이 새롭게 밝혀졌다. 그리고 철불의 표면에 금박을 입히고 무거운 하중을 견딜 수 있는 석조대좌와 함께 광배를 갖추어 봉안됐을 것으로 추측된다. 현재 실상사 보광전 동쪽 약사전에 철불이 모셔져 있다.

철조여래좌상의 존명에 대해서는 약사 불설, 아미타불설, 노사나불설이 있다. 최근에 주목을 받은 노사나불설은, 오른손은 시무외인을 결하고 왼손은 손바닥을 위쪽으로 향한 여원인 계통의 수인으로 실상사 창건 당시 금당인 보광전에 봉안되어 있었을 것으로 추정하고 있다. 이것은 가지산문의 보림사와 성주산문의 성주사 등 신라하대 선종 사찰에서 노사나불상을 주존으로 봉안했던 예를 그 근거로 든 것이다.

신라하대 선종 승려들은 화엄종의 주존인 노사나불을 조성하여 선종사찰에 봉안했다는 점과 노사나불을 주존으로 봉안한 불전을 보광전이라고 부르는 것도 시사하는 바가 크다. 실상사 보광전 아래층에서 노사나불을 안치했을 것으로 추정되는 대형 건물지가 확인되어 그 가능성을 높였다.

1996년부터 시작된 국립부여문화재연구소의 학술발굴에서도 보광전의 최하층에서 철불을 모신 것으로 추정되는 신라하대의 건물지가 확인됐다. 이 건물지는 정면 5칸, 측면 4칸으로 내부 면적이 99평에 달한다. 창건 당시 실상사의 가람은

운봉고원의 철의 왕국, 기문국

남원 실상사 철조여래좌상(사진 유동영).

구산선문 중 최초로 개창된 실상산파 본사인 남원 실상사.

중문지와 석탑지, 금당지, 강당지가 남북으로 배치됐고, 몇 개의 건물지와 회랑지가 동서로 나란히 배치된 것으로 밝혀졌다.

본래 보광전에 주존으로 봉안된 철조여래좌상은 1680년 실상사를 중창하는 과정에 현재의 약사전으로 옮겨진 것으로 추정된다. 실상사 약사전에는 고려시대를 거쳐 조선시대에 이르러 폐사와 여러 차례의 중창이 반복되면서 조선 후기부터 철조여래좌상이 봉안됐다. 군산대학교 박물관에서 주관한 학술발굴에서 약사전의 중창 과정이 일목요연하게 파악됐다.

지금까지 실상사에서 철불이 최초로 조성된 배경과 관련해서는 외부에서만 그 요인을 찾았다. 육두품 이하 일반 대중의 신앙을 비롯하여 해상왕 장보고 선단의

　　　　　　　　　　　운봉고원의 철의 왕국, 기문국

해상활동으로 신라 유학승들이 귀국하여 불상 재료의 인식변화로 철불이 제작됐다는 것이다. 그리고 갑작스런 장보고 선단의 몰락으로 대형 불상을 주조하는데 필요한 청동의 공급이 원활하지 못했다는 점도 자주 언급됐다.

그런가 하면 당시 널리 유행했던 풍수지리나 비보사상에 의거 철불을 봉안함으로써 사찰의 터를 진압하고 사찰을 수호하려는 목적도 담겨있다. 오죽하면 일본이 흥하면 실상사가 망하고 일본이 망하면 실상사가 흥한다는 이야기까지도 유행할 정도였다. 이렇게 사회·경제적인 측면을 중심으로 사상적인 요인과 같은 외부에서만 그 조성 배경을 찾았다.

그러나 운봉고원은 철광석의 보고이자 철기문화의 메카였다. 기문국 지배자무덤인 남원 월산리 M1-A호 출토품인 금은새김 고리자루 칼에서 삼국시대 최고의 철기 제작기술도 확인됐다. 남원 월산리 M5호분에서 나온 복발형투구는 기문국에서 직접 제작된 철제품으로 밝혀졌다. 운봉고원이 철의 생산부터 주조기술까지 하나로 응축된 철의 테크노밸리였음을 웅변해 주었다.

그렇다면 중국 문물에 익숙한 신라 유학승들의 불상 재료에 대한 인식의 변화와 함께 운봉고원 최고의 주조기술 등 당시 사회·경제·사상·기술적 요인이 복합적으로 작용했을 것으로 짐쳐진다. 신라 왕실의 후원으로 실상사 사역을 확장하는 과정에 철의 테크노밸리로 융성했던 운봉고원의 내부적인 요인도 철불의 등장에 크게 기여했을 것으로 추정된다. 그렇다면 운봉고원의 철기문화와 통일신라 유학승의 신앙심이 하나로 결집되어 다시 태어난 걸작품이 실상사 철불인 것이다. 이는 천년 동안 운봉고원에서 꽃피웠던 철기문화의 백미이자 화룡점정이다. 백두대간의 철광석과 인간의 첨단기술이 하나로 응축되어 재탄생시킨 걸작품이 실상사 철불이 아닌가 싶다.

26장 ——————————

섬진강 철 집산지와
남원경의 탄생

전북 동부 면적의 2/3를 차지하는 곳이 섬진
강 유역이다. 가야사 국정과제로 남원시 산동면과 장수군 번암면 일대에서 20여 개
소의 제철유적이 분포된 것으로 파악되었는데, 이곳은 백두대간 영취산 무룡샘에서
발원하는 요천 상류로 섬진강 유역 제철유적의 대부분을 차지한다. 전북 동부에서
제철유적의 밀집도가 가장 희박하지만 전북 가야 멸망 이후 갑작스럽게 철 집산지로
부상한다.

남원 방산리, 순창 고원리 등 마한의 중심지는 모두 충적지가 발달한 섬진강 부
근에 위치한다. 당시까지만 해도 농경문화에 기반을 두었음을 알 수 있다. 아직까지
가야 고총이 발견되지 않은 상황에서 임실군 임실읍에 가야 소국 상기문과 장수군
번암면에 하기문이 있었던 것으로 본 견해가 큰 지지를 받고 있다. 더군다나 전북
동부에서 가장 활발하게 정밀 지표조사가 이루어졌음에도 불구하고 가야 중대형
고총이 발견되지 않고 있다.

운봉고원의 철의 왕국, 기문국

섬진강 유역으로 백제가 진출한 때를 6세기 초로 보고 있지만 그 이전에 이미 시작된 것 같다. 남원 사석리 3호분은 타원형 주구를 두른 횡혈식 석실분으로 반지하식 석실은 그 평면 형태가 장방형으로 5세기 후반 전후로 비정됐다. 섬진강 유역으로 백제의 진출이 6세기 이전에 이미 시작됐고, 마한의 중심지가 당시까지만 해도 이동되지 않았음을 알 수 있다.

조선 철종 8년(1857)에 제작된 「동여도」 옛 지도에 가야포가 표기되어 있고, 1864년 김정호가 지은 『대동지지』에도 가야포가 등장한다. 지명은 그 지역의 역사성을 함축적으로 담고 있다. 동진강 하구 가야포는 통일신라 때 중국 당나라에 설치됐던 신라방처럼 가야 사람들의 집단 거주지 혹은 국제교역항으로 판단된다.

전북 동부에서 철의 왕국으로 융성했던 전북 가야가 철을 생산하는 과정에 굴이나 조개껍질이 들어간다. 굴이나 조개껍질물은 철광석을 녹이는 과정에 꼭 필요한 첨가제이다. 전북 가야가 굴이나 조개껍질을 조달하려면 섬진강 유역을 가로지르는 교역망을 이용해야 한다. 가야포로 가는 옛길이 통과하는 부안 역리 분구묘에서 가야토기와 판상철부가 출토되어 그 가능성을 유물로 입증했다.

그러다가 별안간 섬진강 유역에서도 가야 봉화가 등장하기 시작한다. 백제가 공주로 도읍을 옮긴 뒤 한동안 정치적 불안에 빠지자 반파국이 섬진강 유역으로 진출하여 대규모 축성과 봉화망을 구축한다. 임실 봉화산 봉화 등 10여 개소의 가야 봉화가 임실군에서 발견됐는데, 장수군 장계분지에서 시작된 한 갈래의 봉화로가 섬진강 상류지역을 동서로 가로지른다.

2019년 순창군에서도 5개소의 가야 봉화가 학계에 보고됐다. 장수 봉화봉 봉화에서 시작해 오수천을 따라 이어지다가 순창군 유등면 오교리 산성에서 끝난다. 전북 동부의 다른 가야 봉화들과 달리 성벽의 축조기법이 매우 조잡하여 급히 쌓

전주문화유산연구원 주관 남원 교룡산성 측량조사.

앉음을 알 수 있다. 2020년 임실 봉화산 봉화 발굴에서 가야토기가 출토되어, 그 운영 주체가 반파국으로 확증됐다.

　그러다가 6세기 초엽 기문국, 반파국이 백제에 의해 멸망한 이후 섬진강 유역에서 커다란 변화가 일어난다. 백제 사비기 지방에 두었던 5방성 중 남방성이 남원 척문리·초촌리 일대에 들어서 백제 고룡군 행정치소를 이룬다. 백제는 전북 동부 철산지를 국가에서 관리하기 위해 남원에 남방성을 설치하고 백두대간 동쪽 운봉고원으로 진출하기 위한 전략상 교두보로 삼은 것이다.

이때부터 남원이 섬진강 유역에서 정치·경제·문화의 중심지로 자리매김 된다. 백제에 의해 멸망한 이후 정치 중심지가 다시 옮겨진다. 남원 초촌리·척문리에 두었던 남방성을 지금의 남원읍성으로 이동한다. 통일신라는 남원경을 설치한 뒤 6년 동안 성을 쌓았는데, 당시에 쌓은 성이 지금의 남원읍성이다. 요천을 따라 제방을 쌓아 남원경에 걸맞은 신도시가 새롭게 조성된 것이다.

섬진강 유역에는 남원시 산동면 대상리 일대에 10여 개소의 제철유적이 산재해 있다. 1906년 장수군으로 편입된 번암면에서도 20여 개소의 제철유적이 더 발견됐다. 아직까지 제철유적을 대상으로 발굴이 시작되지 않아 그 실체가 드러나지 않았다. 다만 백제 사비기 섬진강 유역에서 남원이 정치 중심지로 발돋움하는데 제철유적이 결정적인 밑거름으로 작용했을 것으로 추정된다.

전북 동부 철산개발이 섬진강 유역에 비로소 남원경을 탄생시켰다. 남원경이 설치되고 나서 후백제 멸망까지 255년 동안 철의 생산과 유통이 전북 동부의 위상을 최고로 높였다. 남원경은 후백제 멸망 5년 뒤 남원부로 이름이 바뀌었고, 고려 태조 23년(940) 남원경을 없애고 전북 동부 철산지가 대부분 남원부 소속으로 편제됐다. 이때 신선의 땅 운봉고원도 남원부와 첫 인연을 맺었다. 고려 왕조는 운봉고원 철산개발을 중단시킨 뒤 천령군에서 남원부로 관할권을 이속시켜 국가의 통제력을 한층 강화했다.

삼국시대 가야 봉화가 유일하게 학계에 보고된 곳이 장수군을 중심으로 한 전북 동부이다.
이곳의 120여 개소 가야 봉화는 백제와 국경을 마주한 반파국이 생존을 위해
국가 차원에서 운영한 통신 유적이다.

3부

진안고원의
봉화 왕국, 반파국

27장 ——————————

금강 최상류에 자리한
봉화 왕국

백두대간과 금남정맥, 금남호남정맥 사이에
진안고원이 있다. '호남의 지붕'으로 불리는 곳으로 전북 장수군·진안군·무주군과
충남 금산군이 여기에 속한다. 선사시대 이래로 죽 잇달아 지정학적인 점을 살려
교통의 중심지이자 전략상 요충지를 이루었다. 백두대간 육십령과 진안 와정토성이
그것을 뒷받침해 주었다.

삼국시대 때는 백제와 가야, 신라가 철산지이자 구리산지인 진안고원을 차지하
기 위해 서로 치열하게 각축전을 펼침으로써 삼국의 유적과 유물이 공존한다. 우리
나라에서 제철유적과 제동유적製銅遺蹟이 함께 산재된 곳은 진안고원이 유일하다.
그럼에도 불구하고 진안고원은 고대사 연구에서 거의 연구되지 못하고, 학계의 논
의에서도 거의 다루어지지 않았다.

우리나라의 국토를 동서로 갈라놓는 백두대간 산줄기 서쪽에 장수 가야, 즉 반
파국伴跛(叛波)國이 있다. 금강 발원지 신무산 뜬봉샘이 자리하여 수계상으로는 금

운봉고원의 철의 왕국, 기문국

강 최상류를 이룬다. 낙동강 유역에 속한 운봉고원에 기반을 둔 기문국과는 백두대간, 금남호남정맥 산줄기들로 가로막혀 별개의 독립된 지역권을 형성하고, 유적과 유물로도 독자성이 입증됐다.

금관가야, 대가야 등 20여 개의 가야 소국들이 모두 백두대간 동쪽에 위치하고 있지만, 반파국만 유일하게 백두대간 서쪽에 자리해 있다. 백두대간 산줄기 서쪽 금강·만경강·섬진강 유역으로까지 가야의 영역을 최대로 넓힌 유일한 가야 왕국이다. 완주군 동북부에서 20여 개소의 가야 봉화가 발견되어 전북가야의 영역에 포함시켰다.

1993년 이른 봄 백두대간 서쪽 장수 삼고리 고분군이 그 존재를 세상에 알렸다. 2018년 반파국 하위계층 분묘유적인 장수 삼고리 고분군에서 3기의 봉토분이 조사됐다. 봉토분은 토광묘와 수혈식 석곽묘로 구성되어, 매장시설의 바닥면 높이가 대부분 달라 추가장에 의한 다곽식으로 밝혀졌다. 유물은 위신재로 알려진 금제이식, 오각형 철제대도를 중심으로 매우 다양한 양식의 토기류가 함께 나왔다. 반파국의 번영과 풍요를 유물로 가감 없이 뽐냈다.

가야·백제·신라토기와 영산강 유역의 유공광구소호가 함께 뒤섞인 토기류는 그 조합상이 '삼국시대 토기 박물관'을 방불케 했다. 우리나라에서 가야와 백제, 신라, 고구려 유물이 함께 나온 곳은 반파국이 유일한데, 이는 초기 철기시대부터 장수 남양리에서 처음 시작된 철기문화가 일구어낸 역사적 산물이 아닌가 싶다. 왜냐하면 철은 소비자가 철산지를 직접 방문해서 구입하기 때문이다.

가야 고총이란 봉분의 직경이 20m 내외되는 대형무덤으로 그 주인공이 지배자 혹은 지배층으로 추정되며, 가야 소국의 존재를 가장 진실하고 솔직하게 상징해준다. 진안고원의 가야 분묘유적 중 가장 큰 비중을 차지하고 있는 것이 가야 중대형 고총이다. 가야 고총은 대체로 사방에서 한 눈에 보이는 산줄기 정상부에 입지를 두었는데, 기문국처럼 봉분을 산봉우리처럼 훨씬 크게 보이게 함으로써 그 주인공의 권위와 신분을 극대화하려는 정치적인 의도가 숨어있다. 삼국과 구별되는 가야만의 독자적인 장례풍습이다.

이제까지의 지표조사를 통해 진안고원의 장수군에서만 240여 기의 가야 고총이 발견됐다. 좀 더 구체적으로 정리하면, 장계분지에는 장수군 장계면 삼봉리에 41기, 월강리에 23기, 장계리에 20여 기, 천천면 삼고리에 10여 기, 계남면 호덕리에 40여 기와 화양리에 1기의 가야 고총이 있다. 그리고 장수분지에는 마봉산에서 서북쪽으로 뻗은 산줄기 정상부에 90여 기와 팔공산 서남쪽 대성고원에 5기 내외의 가야 고총이 있다. 가야 왕국이 장수군에도 자리하고 있었음을 알 수 있다. 어떻게 보면 장수군에서 그 존재를 드러낸 가야 고총은 반파국의 역사책과도 같은 것이다.

장수 삼봉리·월강리·장계리·호덕리 등 백화산 자락에 120여 기의 가야 고총이 대거 분포된 것은 반파국의 존속 기간을 웅변해 준다. 장수분지의 중앙부에 위치한 장수 동촌리에는 90여 기 이상의 가야 고총이 무리지어 가야 영역에서도 상당히 이례적이다. 봉분의 직경이 30m 내외 되는 장수 화양리를 비롯하여 240여 기의 가야 중대형 고총이 무리를 이루고 있어, 당시 철의 왕국으로 융성했던 반파국의 발전상도 유추해 볼 수 있는데, 이는 모든 가야 영역에서 가장 많은 제철유적이 학계에 보고된 곳이 반파국이기 때문이다.

장수군의 가야 고총은 그 평면형태가 장타원형으로 봉분 가장자리에 호석을 두르지 않아 반파국만의 지역성과 독자성이 입증됐다. 동시에 마한의 분구묘처럼 봉분을 만든 뒤 다시 파내어 매장시설을 마련한 것이 기문국과 묘제적인 친연성도

확인됐고, 반파국의 가야 고총이 마한 묘제의 전통을 그대로 이어받았음을 알 수 있다. 그리고 봉분의 중앙부에 주석곽이 배치되어 있고, 그 주변에 1~3기 내외의 순장곽이 배치된 다곽식이다. 가야 고총의 지역성을 통해서도 반파국의 존재를 세상에 알린 것이다.

중국 진晉나라 때 진수가 지은 『삼국지三國志』 위서魏書 동이전東夷傳 한조韓條에는 마한 사람들이 소나 말을 탈 줄 몰랐지만 사람이 죽어 장사 지낼 때 소나 말뼈를 이용했다고 기록되어 있다. 이것은 마한 사람들이 장례를 치를 때 말을 제물로 바쳤음을 알 수 있다. 2015년 장수 동촌리 19호분 가야 고총에서 말편자가 말뼈와 함께 나왔다.

장수 동촌리 19호분에서 나온 말뼈는 전북 가야의 뿌리가 마한이었음을 드러

2003년 군산대학교 박물관 주관 장수 삼봉리 가야 고총 발굴 광경.

낸다. 주석곽은 구지표와 생토면을 반반하게 고르고 1m 높이로 성토한 다음 다시 파내었는데, 유구의 속성은 마한 분구묘의 묘제와 일맥상통한다. 분구묘는 봉분의 사방에 도랑을 두른 무덤을 말한다. 반파국과 기문국 가야 고총은 봉분의 가장자리에 도랑을 둘렀다.

가야 고총에서 처음으로 말편자가 나와 학계의 시선을 집중시켰으며, 말편자는 철 주조기술의 백미이자 지금의 반도체와 같은 것으로, 반파국이 우수한 철의 가공기술을 가진 가야 왕국이었음을 알 수 있다. 모든 가야 소국들 중 철기문화가 맨 처음 시작된 곳이 반파국으로, 장수군 제철유적의 운영 시기와 그 역사성을 밝히

　　　　　　　　　　　　　　　　　운봉고원의 철의 왕국, 기문국

기 위한 학술발굴이 요청된다.

봉수烽燧란 낮에는 연기와 밤에는 횃불로써 변방의 급박한 소식을 중앙에 알리던 통신제도이다. 이는 가야의 고총 못지 않게 가야 소국의 존재를 가장 잘 증명해주는 고고학 자료이다. 「양직공도梁職貢圖」와 『일본서기日本[書紀]』에 등장하는 가야 소국 반파국이 513년부터 515년까지 기문국, 대사를 두고 백제와 3년 전쟁을 치를 때 봉후(화)제를 운영했다.

중국 양나라 원제元帝 소역蕭繹이 그린 신도臣圖가 「양직공도」이다. 당시 양 나라에 파견된 외국 사절을 그림으로 그려 해설해 놓았다. 일본 나라奈良 시대에 편찬된 『일본서기』는 일본 최초의 정사正史로 30권으로 구성되었으며, 신대神代부터 지토천황持統天皇까지 편년체編年體로 기록했다. 덴무天武 왕의 명으로 도네리친왕舍人親王이 중심이 되어 680년경 착수하여 720년에 완성된 것으로 추정된다.

그렇다면 우리나라에서도 삼국시대의 봉화가 존재하고 있을 개연성이 충분히 상정된다. 삼국시대 가야봉화가 유일하게 학계에 보고된 곳이 장수군을 중심으로 한 전북 동부이다. 지금까지 전북 동부에서 그 존재를 드러낸 120여 개소의 가야 봉화는 백제와 국경을 마주한 반파국이 생존을 위해 국가 차원에서 운영했던 통신유적이다. 따라서 반파국은 유일무이한 가야의 봉화 왕국이다. 동시에 장수군 제철유적이 사방에서 감시하듯 배치되어, 당시 국력의 원천인 제철유적의 방비를 위해 배치됐을 개연성도 없지 않다. 가야사 국정과제로 전북 동부 가야봉화의 운영 주체가 반파국이라는 역사성을 고증하기 위한 학술 발굴이 시작됐다. 하지만 백두대간 산줄기 동쪽 영남지방에서는 삼국시대 가야 봉화가 학계에 보고되지 않고 있다.

전북 동부에서 복원된 여덟 갈래 봉화로의 최종 종착지가 장수군 장계분지로 밝혀졌다. 모든 봉화로의 정보가 장수 삼봉리 산성에서 하나로 합쳐지는 것으로 파악됐고, 그 부근에 반파국 추정 왕궁터가 자리하고 있다. 남원 봉화산, 장수 봉화산·영취산·원수봉, 완주 탄현, 임실 봉화산 봉화 발굴에서 반파국의 가야 고총 출토품과 흡사한 유물이 나왔다. 가야 중대형 고총과 삼국시대 가야 봉화가 진안고원 내 반파국의 존재를 유적과 유물로 일목요연하게 드러냈다. 봉화 왕국 반파국의 정체성을 밝히기 위한 학제간 융합 연구가 절실하다.

진안고원의 장수군에 지역적인 기반을 둔 반파국이 어떤 과정을 거쳐 백제에 의해 멸망됐는지, 언제부터 백제의 영토에 편입됐는지 단정할 수 없다. 장수 삼고리에서 삼족토기·병과 장수 동촌리에서 직구단경호가 나왔는데, 그 시기는 6세기 초 전후로 편년됐다. 6세기 초를 전후하여 백제의 영향력이 반파국에 강하게 미치기 시작했고, 가야 고총에서 백제 묘제의 영향도 처음으로 확인된다. 그렇다면 6세기 초를 전후한 시기까지도 반파국이 백제에 의해 멸망되지 않았음을 알 수 있다.

그러다가 진안고원을 가로질러 백두대간의 육십령을 통과하는 옛길을 따라 경남 거창과 합천, 경북 고령 등 영남 내륙지역으로 진출할 때 반파국이 백제에 의해 멸망되었음을 알 수 있다. 지금까지 축적된 고고학 자료를 근거로 반파국의 존속 기간은 대략 150년 내외로 추정된다. 반파국의 지역성이 강한 240여 기의 가야 고총과 120여 개소의 가야 봉화가 이를 역사적으로 뒷받침해 주었다.

삼국시대 가야 봉화와 가야 고총이 함께 공존하는 곳은 전국에서 장수군이 유일하다. 장수군은 금강 최상류에 지역적인 기반을 둔 유일무이한 가야 소국이라는 유일성과 봉화 왕국이라는 역사성을 가진 곳으로 의미가 있다.

진안고원에 기반을 둔 가야 왕국 반파국이 백제에 멸망한 이후 진안고원을 두고 백제와 신라가 치열한 각축전을 펼쳤다. 그리하여 철산지 진안고원에서 교통의 중심지이자 전략상 요충지인 충남 금산군과 전북 진안군·무주군에서 백제와 가야,

신라의 유적과 유물이 함께 공존한다. 당시에 대규모 철산지이자 구리 산지인 진안고원을 차지 하려는 삼국의 국가 전략이 담겨 있을 것으로 추정된다. 전국에서 제철유적의 밀집도가 가장 높은 곳이 반파국 영역 이다.

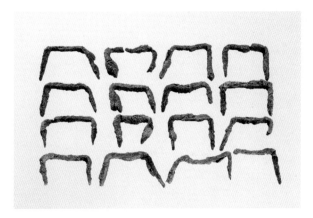

장수 삼봉리 3호분 출토 꺾쇠 모음.

마한 이래로 줄곧 백제문화권에 속했던 곳으로만 인식된 장수군의 마한세력이 4세기 말엽부터 가야 문화를 받아들여 가야 소국으로까지 번영했다. 장수 남양리 에서 처음 시작된 철의 생산과 유통이 반파국에 이르러 더욱 활발하게 이루어졌을 것으로 추정된다. 반파국은 대규모 철산개발로 국력을 다진 뒤 백제의 동태를 살피고 제철유적의 방비를 위해 봉후(화)제를 운영했던 것 같다. 장수군을 중심으로 한 전북 동부는 지붕 없는 가야의 야외박물관이다.

2003년과 2012년에는 문화재청으로부터 두 차례의 긴급 발굴비를 지원받아 장수 삼봉리 고분군 내 가야 고총 발굴에서 큰 성과를 거두어 2013년 전라북도기 념물 제128호로 지정됐다. 2016년에는 90여 기의 가야 중대형 고총으로 구성된 장수 동촌리 고분군도 전라북도기념물 제132호로 지정됐고, 2019년 10월 1일 국 가 사적 제552호로 승격됐다.

28장

첫 국가 사적,
장수 동촌리 고분군

　　　　　　　　가야사 국정과제가 진행되면서 기쁜 소식이
잇따라 들려온다. 2018년 초 장수군 장수읍 동촌리 동촌마을 주민들이 마을 이름
을 동가야마을로 바꿨다고 한다. 또 다른 반가운 소식도 언론에 크게 보도됐다. 동
촌리 고분군이 국가 사적으로 지정된다는 것이다. 이곳은 백두대간 서쪽 유일한 가
야 왕국 반파국의 지배층이 잠든 90여 기의 가야 고총이 무리지어 있는 전북 최대
규모의 분묘유적이다.

　장수 동촌리 고분군은 그 존재를 세상에 알리는데 우여곡절이 많았다. 2002년
군산대학교 박물관 주관으로 장수군 문화유적 지표조사를 실시하는 과정에 우연
히 발견됐다. 그해 12월 초 조사단은 눈이 많이 내린다는 일기 예보를 듣고 이른 아
침 군산을 출발했다. 장수에 도착했을 때 폭설이 내려 지표조사가 여의치 않았지
만 유적을 찾겠다는 일념으로 조사에 돌입했다. 눈이 상당히 쌓여 산을 오르는 것
이 쉽지 않았지만 눈을 치우며 본래 계획했던 지표조사를 강행했다. 산자락 정상

백두대간 품속 장수 동촌리 고분군을 찾은 가야답사팀.

부에서 마주친 산봉우리의 모양을 보고 모두 깜짝 놀랐다. 조사단은 산봉우리 뒤
쪽에도 비슷한 크기의 산봉우리가 10여 기 더 무리지어 있는 것을 보고 일단 가야
고총으로 결론을 내렸다.

이듬해 지표조사를 추가로 실시했다. 결국 당시 장수읍 동남쪽에 우뚝 솟은 마
봉산에서 서북쪽으로 뻗은 산줄기와 동가야마을로 갈라진 산자락에 90여 기의 가
야 고총을 찾아 학계에 알렸다. 말과 관련된 이야기를 가장 풍성하게 남긴 왕조가
가야 왕국이다. 마봉산은 산의 형국이 마치 말머리를 닮아 동촌리 고분군을 찾아
세상에 알리는데 큰 실마리가 된 것이다.

장수 동촌리 30호분 가야 고총 정비 복원된 모습으로 봉분의 직경이 20m 이상이다.

장수 동촌리 30호분 발굴 후 모습으로 봉분 가장자리에 호석을 두르지 않았다.

 2003년 드디어 장수 동촌리 고분군 실체를 밝히기 위한 발굴조사가 시작됐다. 당시 문화재청에서 긴급 발굴비를 지원했는데, 긴급 발굴비는 100% 국비로만 편성됐다. 지금 돌이켜 보면 문화재청의 긴급 발굴비는 가야사의 역사 인식이 불모지나 다름없는 전북에서 반파국을 탄생시킨 자양분이었다.

운봉고원의 철의 왕국, 기문국

장수 동촌리 가야 고총을 발굴하는 데는 참 영웅들도 많았다. 당시 가야 고총을 첫 발굴할 수 있도록 토지사용에 동의해주신 토지 소유주가 그 주인공이다. 장수읍 동촌리 동가야마을 백정인 어르신이 흔쾌히 승낙을 해주고 조사 기간 내내 고단한 발굴에 몸소 참여해 큰 힘을 보탰다. 아무리 어렵고 힘들게 발굴비를 마련한다 해도 토지사용 동의를 얻지 못하면 발굴을 할 수 없기 때문이다.

2010년 이후에는 동가야마을 약수터 서쪽 산자락에서 세 차례의 학술발굴이 더 이루어졌다. 국립나주문화재연구소와 전주문화유산연구원 주관으로 추가발굴을 실시했는데, 역시 토지 소유주의 결단과 참여가 큰 힘이 됐다.

장수 동촌리 19호분에서 말편자가 출토됐는데, 가야 고총에서 처음 나온 말편자는 두말할 것도 없이 반파국 철의 장인이 만든 걸작품이었다. 장수 동촌리 28호분은 산자락과 일치되게 매장공간을 남북방향으로 두어 6세기 초 반파국이 비로소 백제에 정치적으로 복속됐음을 유적과 유물로 증명했다.

결국 장수 동촌리 고분군은 2019년 8월 문화재청 국가 사적 지정 심의를 통과해, 그해 10월 1일 국가 사적 제552호로 지정되어 반파국의 위상을 세상에 뽐냈다. 백두대간 서쪽에 위치한 유일한 가야 관련 국가 사적으로 가야사 국정과제의 결실이다. 동시에 마한의 말무덤에서 시작해 4세기 말엽 가야 문화를 받아들여 금강 최상류에 가야 문화를 당당히 꽃피운 반파국의 역사책이다.

장수군에서도 가야고분군 정비 복원에 박차를 가하고 있다. 2017년 발굴조사가 끝난 두 기의 가야 고총을 대상으로 복원을 마쳤는데, 그 위용에서 감탄과 자긍심이 느껴진다. 1500년 동안 세월의 풍상을 이겨내고 앙상한 뼈대만 남은 가야 고총이 복원을 통해 반파국의 부활을 세상에 알렸다. 그래도 더 중요한 것은 반파국의 실체를 밝히기 위한 학술조사가 더 추진됐으면 한다.

가야 고총에서 나온
말편자

백두대간이 가야의 서쪽 경계를 이룬 것으
로 널리 회자됐다. 1990년대까지만 해도 백두대간 서쪽에는 가야 왕국이 없다는
학설이 큰 지지를 받았다. 그러다가 1993년 장수군 천천면 삼고리 삼장마을에서
가야토기가 발견되어, 금강 최상류에도 가야가 존재한다는 사실을 세상에 알리게
되었다. 장수군을 중심으로 진안고원에서 학계에 보고된 모든 가야의 유적과 유물
을 하나로 합쳐 반파국라고 이름을 붙였다.

호남의 지붕으로 유명한 진안고원을 무대로 반파국이 가야 왕국으로까지 발전
하는데 금남호남정맥의 고마움을 잊어선 안 된다. 금남호남정맥에 금강의 발원지
신무산 뜬봉샘이 자리하여 금강의 최상류를 이루며, 백두대간 영취산에서 시작해
주화산까지 뻗은 산줄기로 북쪽의 금강과 남쪽의 섬진강의 분수령을 이룬다. 『산경
표』에 실린 13개의 정맥 중 그 길이가 가장 짧지만 금남정맥, 호남정맥을 백두대간
에 연결시켜 주는 가교 역할을 책임지고 맡았다. 여기서 그치지 않고 백두대간 산

장수 동촌리 19호분에서 나온 말편자로 말의 뒷발 편자로 추정된다.

줄기 못지 않게 위풍당당해 백제의 동쪽 진출을 철통같이 막았다. 한마디로 금남호남정맥은 반파국의 만리장성인 것이다. 그리고 장수군에 지역적인 기반을 둔 토착세력집단이 4세기 말엽 가야 문화를 받아들여 가야 왕국으로까지 성장하는데 굳건한 밑거름이 됐다.

2010년 장수 동촌리 고분군에서 말편자가 나왔다. 금남호남정맥에서 장수읍까지 서북쪽으로 뻗은 산줄기에 유적이 위치하고 있는데, 그 중간에 마봉산馬峰山이 있다. 마봉산은 말 머리를 닮아 붙여진 이름으로 그 정상부에 봉화대가 있다. 우리 나라에서 말을 소재로 가장 풍부한 이야기를 남긴 나라가 가야다. 장수분지 중앙부에 우뚝 솟은 마봉산은 반파국의 존재를 드러나지 않게 가만히 알렸다.

마봉산에서 서북쪽으로 뻗은 산줄기와 다시 북쪽으로 갈라진 산자락 정상부에

금강 최상류 장수군 장수분지 항공사진이다. 사진 상단부가 금남호남정맥 산줄기로 금강과 섬진
강 분수령을 이룬다. 이 산줄기를 따라 장수 장안산·사두봉·신무산 원수봉 봉화가 배치되어 있다.
사진 중앙부 장수읍 좌측 산자락에 90여 기의 가야 중대형 고총이 무리지은 장수 동촌리 고분군
이 자리하고 있다.

장수 동촌리 30호분 발굴 뒤 정비 복원된 모습으로 봉분의 평면형태가 장타원형을 이룬다.

90여 기의 가야 중대형 고총이 무리지어 있다. 다른 지역과 달리 북쪽으로 뻗은 산
줄기에 그 입지를 두어 반파국만의 강한 지역성, 독자성도 자랑한다. 본래 더 많은
고름장이 있었다는 주민들의 제보에 의하면 반파국이 지배층의 사후를 위해 마봉

산 자락에 국력을 담아 구축해 놓은 지하궁전이다.

2015년 장수 동촌리 19호분에서 말편자가 뒷발 한쪽만 나왔는데, 다른 한쪽과 앞발 말편자는 도굴로 사라졌다. 말편자는 말의 단단한 발톱에 대갈을 박아 붙인 쇠로 제철蹄鐵이라고도 부른다. 가야 고총에서 말편자가 나온 것은 장수 동촌리가 처음으로, 앞발이 뒷발보다 폭이 넓어 그 모양에서 뚜렷한 차이를 보인다. 종래에 중국 요령성 성산산성 연못지, 서울 석촌동 적석총 1호분과 몽촌토성 2호 주거지, 상주 성동리 92호 석곽묘, 산청 평촌리 유적에서 나온 것이 더 있을 뿐이다. 아직까지 삼국시대 유적에서 출토된 것이 그다지 많지 않을 정도로 귀중하고 값진 것이다.

동촌리 19호분에서 나온 말편자는 당시 철의 생산부터 가공기술까지 응축된 첨단기술의 집약체로 커다란 주목을 받았다. 철의 장인이 수 없이 망치를 두드려서 탄생시킨 것이 말편자로, 말이 달리던 속도와 엄청난 압력을 거뜬히 이겨내고 주인이 세상을 떠나면 무덤 안에 부장품으로 함께 묻히니 모든 것을 주인과 함께 했다.

모든 가야의 영역에서 철기문화가 처음 시작된 곳이 반파국이다. 1989년 장수군 천천면 남양리 들판에서 청동유물과 철기유물이 반절씩 섞인 상태로 나왔는데, 그 시기가 기원전 1세기 말엽이다. 초기 철기시대 처음 시작된 철의 생산이 반파국까지 지속됐음이 유물로 뒷받침해 주었다. 말편자는 반파국이 철의 테크노밸리로 융성했음을 반증해 주는 유일무이한 증거이다.

30장 ───────────────

반파국 사람들의
윤택한 삶

1990년 대 초 장수군 천천면 삼고리 삼장마
을 부근 야산에서 가야 고분이 발견되어 학계의 이목을 집중시켰다. 당시까지만 해
도 백두대간을 가야의 서쪽 경계로 인식하고 있었기 때문이다. 백두대간 산줄기 서
쪽 장수 삼고리는 가야 문화를 당당히 꽃피운 가야 왕국의 존재를 온 세상에 뽐낸
명소이다. 놀랍게도 가야 왕국 반파국이 금강 최상류에 존재했음을 알리는 계기가
되었다.

1993년 이른 봄 필자는 삼장마을 입구에서 고 한홍석 옹을 만났다. 당시 어르
신께서 종중산을 관리하고 있었는데, 해마다 종중산에서 고름장을 파헤친다고 어
려움을 토로했다. 지금도 깨진 그릇조각과 고름장에서 빼낸 돌들이 나뒹굴고 있을
테니 직접 가보라고 당부까지 했다. 어르신 관심과 제보로 장수군에서 가야와 첫
인연을 맺은 마중물이 됐다.

당일 유적을 직접 둘러보고 두 눈을 의심케 할 정도로 유물이 수두룩하게 흩어

운봉고원의 철의 왕국, 기문국

◀ 장수 삼고리 고분군 수습 가
야토기, 삼장마을 한홍석 옹
기증 유물.

져 있었다. 오래전 무덤에서 빼낸 돌들이 밭둑에 수북이 쌓여 있었는데, 모두 산돌
이 아닌 강돌이었다. 본래 강에 있어야 할 강돌이 산에 와 있다는 것은 유적이 있다
는 단서이다. 밭에는 깨진 토기편이 흩어져 있었고, 일부 유물 중에는 물결무늬가
선명하게 시문된 가야토기편도 섞여있었다.

가야사 국정과제로 전주문화유산연구원 주관 학술발굴을 통해 장수 삼고리 고분군 전모가 드러났다. 금남호남정맥 성수산에서 삼장마을까지 흘러내린 산자락에 봉분의 직경 10m 내외되는 큰 무덤들이 무리지어 있다. 그리고 북쪽을 제외한 산기슭에 수많은 무덤들이 산재해 있는데 그 분포 범위가 400m 내외다. 한마디로 반파국의 역사책이자 백성들이 잠든 안식처다.

장수 삼고리 학술발굴은 매우 꼼꼼하게 기획됐다. 반파국 왕과 왕비가 잠든 장수 삼봉리 발굴에서 형언할 수 없는 도굴의 상처를 목도했기 때문이다. 일본인 도쿠라 세이지가 땅을 매입한 뒤 건물을 짓고 사람들을 고용해 무덤을 파헤쳐 유물은 거의 남아있지 않았다. 어쩔 수 없이 반파국 백성들이 잠든 무덤을 발굴지로 선정했는데 기대 이상으로 큰 성과를 거두게 되었다.

장수 삼고리 가야 무덤은 하나의 봉분에 여러 기의 매장시설이 배치된 다곽식多槨式이다. 망자의 시신을 안치하는 매장시설은 돌로 만든 석곽묘가 대부분을 차지하고 여기에 땅을 파낸 토광묘와 옹관묘가 포함되어 있다. 매장시설은 2기의 대형 석곽묘가 중앙에 나란히 배치되어 있고, 그 주변에 바닥면의 높이가 서로 다른 무덤들이 사방을 둥글게 둘러쌓다.

장수 삼고리 2호분은 두 기의 대형 석곽묘가 웅장한 자태를 드러낸 부부 무덤이다. 그 위쪽에 터를 잡은 3호분은 봉분이 맞닿은 연접분이다. 모두 13기의 무덤들로 갖춰진 봉토분을 축조한 뒤 후대에 7기의 무덤을 더 만들고 봉분을 잇대어 덧씌웠다. 봉분 주변에 도랑을 두른 흔적은 확인됐지만 봉분에서 호석 시설이 발견되지 않았다. 오직 반파국만의 장례문화임을 알 수 있다.

이곳에서 삼국시대 명품 백화점을 방불케 할 정도로 으뜸 유물이 쏟아졌다. 2호분에서 출토된 금제 귀걸이는 반파국 백성 무덤에서 나온 금 장신구로써 극히 이

장수 삼고리 3호분 발굴 후 모습으로 한 봉분 내에 토광묘와 석곽묘가 공존한다.

례적이다. 황색·청(녹)색·흰색·붉은색·검은색 등 오방색이 화려하게 장식된 원판형 구슬은 오직 장수 삼고리에서만 나왔고, 엷은 붉은색을 띠는 모자곡옥도 당시 국제교역을 암시하는 무역품이다.

토기류는 경남 창녕에서 만든 비화가야 토기를 중심으로 가야 토기들은 거의 다 모여 있다. 여기에 최상급 백제토기와 신라토기, 마한계 토기도 섞여있어 삼국시대 토기 박물관을 연상시켰다. 따라서 장수 삼고리는 한강 이남의 명품 토기들을 한자리에서 실견할 수 있는 곳이다.

장수 삼고리는 또한 역동성과 국제성으로 상징된다. 반파국의 국력과 백성들의

반파국 사람들의 윤택한 삶

장수 삼고리 3호분 주석곽 출토 토기 모음.

풍요로운 삶을 유물로 수놓았고, 더군다나 백성들 무덤에서 으뜸 유물이 쏟아진 것은 반파국이 철의 왕국이었음을 방증하는 시그널이다. 지금의 반도체와 같은 철은 반파국 국력의 화수분으로, 반파국은 철의 생산과 유통으로 부국강병을 이룩한 뒤 전국에 가야 봉화망도 구축했다.

그러다가 반파국이 백제 영역으로 진출을 강행한 이후부터 큰 변화가 발생하는데, 갑자기 반파국에서 가야토기를 손수 만들기 시작한 것이다. 장수 삼고리 3호분에서 나온 늦은 시기의 토기들이 그 증거품으로 겨우 가야토기를 흉내 낼 정도

운봉고원의 철의 왕국, 기문국

장수 삼고리 고분군 토광목곽묘 출토 토기 모음.

로 거칠고 조잡했다. 왜 그랬는지 반파국의 미스터리mystery이다. 향후 반파국의 흥
망성쇠와 삶의 이야기를 일목요연하게 보여준 장수 삼고리 고분군의 문화재 지정과
가야유적공원으로 활용방안이 마련됐으면 한다.

31장

백제와 반파국의 관문,
와정토성

진안 와정臥停토성이 세상에 알려진 것은 거의 우연에 가깝다. 1994년 진안 용담댐 수몰지구 내 문화재 지표조사를 실시하는 과정에 그 존재가 드러났다. 당시 진안군 용담면 월계리 와정마을을 찾은 필자는 어르신으로부터 결정적인 제보를 받았다. 이 마을에서 태어난 어르신은 어릴 때 마을 부근 야산에 성이 있었다는 이야기를 들었다는 것이다.

군산대학교 지표조사단은 면담조사를 마치고 와정마을 서남쪽 나지막한 야산에 올랐다. 오래전 대부분 밭으로 개간된 상태였고, 당시에는 진안군 특산품이 인삼을 재배하고 있었다. 다행히 인삼밭에서 동전 크기만 한 삼국시대 토기편을 발견했다. 조사단에서는 성이 있었다는 어르신의 제보와 토기편에 근거를 두고 유적이 있다는 조사단 의견서를 제출했다.

1996년 한국수자원공사 지원으로 구제발굴이 시작됐다. 군산대학교 박물관에서는 삶의 터전을 떠나야 하는 마을 주민들의 도움을 받아 조사를 착수했다. 발굴

초반부터 기대 이상으로 큰 성과를 거두었다. 거의 반달모양으로 생긴 산봉우리를 따라 흙으로 쌓은 성벽과 그 내부에서 집자리 흔적이 모습을 드러냈다. 예로부터 말로 전해 내려온 이야기가 역사로 다시 탄생한 것이다.

모두 세 차례의 구제발굴로 유적의 성격이 일목요연하게 파악됐다. 성벽은 성토법과 판축법을 적용하여 흙으로만 쌓았는데, 하단부는 삭토법으로 가파르게 깎았다. 성벽 위에는 일정한 간격으로 세운 목책이 확인됐는데, 목책은 대규모 화재로 불에 타서 숯으로 남아 있었다. 금강과 인접된 산봉우리에 흙만으로 성벽을 쌓아 와정토성이라고 유적의 이름을 지었다.

집자리는 일정한 깊이로 흙을 파내어 생활공간이 마련된 구덩식이며, 겨울철 추위를 해결하기 위해 집자리 북벽을 따라 설치된 온돌시설이 확인됐다. 온돌시설은 一자형과 ㄱ자형, 두 갈래 등으로 다양했다. 당시만 해도 온돌시설이 학계에 거의 보고되지 않아 이목을 집중시켰는데, 모두 세 가지 유형의 온돌시설이 확인되어 오랫동안 토성이 운영된 것으로 밝혀졌다.

집자리 위쪽에서 상당히 큰 구덩이도 발견됐다. 자연 암반층을 파내어 마련됐는데, 그 규모는 직경 267cm, 깊이 386cm이다. 당시 음식물을 신선하게 보관하기 위한 저장용 구덩이로 그 기능은 냉장고와 똑같다. 반파국 진출로 토성이 문을 닫은 뒤 조선시대 토광묘와 회곽묘가 그 위에 대규모로 들어섰으니, 백제 때 마을이 조선시대 무덤으로 그 운명이 바뀐 것이다.

유물은 백제토기가 절대량을 차지하고 가야토기가 일부 섞여있었다. 백제토기는 삼족토기를 중심으로 직구호, 장란형토기, 시루 등 한성기 때 널리 유행한 기종들이다. 여기에 고구려 토기의 양식을 담은 입이 큰 발형토기도 들어 있어 상당한 관심을 끌었다. 백제가 처음 토성을 쌓고 진안고원의 교역망을 반파국과 함께 이용

진안 황산리 고분군 출토 토기 모음.

했음을 유적과 유물로 방증해 주었다.

그렇다면 백제는 무슨 이유로 와정토성을 쌓았을까? 한성기 때 백제의 도읍 한성에서 반파국 도읍 장수군 장계분지로 가려면 진안 와정토성에서 금강을 건넜다. 한성기까지 백제와 반파국 국경선이 금강에서 형성됐기 때문에 진안 와정토성은 요즘 판문점과 그 임무가 같지 않았을까? 가야사 국정과제로 그 실체를 드러낸 반파국이 한동안 백제 와정토성을 함께 이용했던 것이다.

백제는 4세기 후반 경 석축 산성의 축조 기술을 배경으로 지방 통치를 강화하기 위해 교통의 분기점과 전략상 요충지에 토성과 산성을 쌓았다. 당시 이른 시기 백제의 성터는 강변, 냇가의 단구나 배후 습지, 선상지에 입지를 두었다. 한성기 백제 산

운봉고원의 철의 왕국, 기문국

성은 대부분 그다지 높지 않은 산봉우리에 자리하고 있는데, 진안 와정토성은 한성기 백제 산성의 특징을 한꺼번에 담았다.

한성기까지만 해도 진안 와정토성은 백제와 반파국의 관문이었다. 금강을 사이에 두고 와정토성이 북쪽에 지장산 봉화가 남쪽에 배치되어, 백제와 반파국 국경선이 금강을 따라 형성됐음을 알 수 있다. 그 후 백제가 웅진으로 도읍을 옮기자 한동안 혼란에 빠졌으나 반파국은 금강을 넘어 백제 영역으로 진출을 강행했다. 이때 진안 와정토성이 큰 화재로 문을 닫았다.

이 무렵 반파국은 금강을 건너 충남 금산군 일대까지 진출하여 가야 봉화망을 구축했다. 최전성기 때는 금남정맥을 넘어 완주군 동북부에 산성 및 봉화를 집중 배치하여 반파국의 영역을 최대로 넓혔다. 진안 와정토성에서 서남쪽으로 2.5km 떨어진 진안 월계리 산성이 이를 확증해 주었고, 또한 금강 북쪽에 산성이 터를 잡았는데, 이는 반파국이 쌓은 대산성帶山城으로 비정됐다.

지명으로도 그 역사성을 살필 수 있다. 진안 월계리 산성은 문헌에 백제 고산성 古山城으로 전하는데, 백제가 성을 쌓지 않았기 때문에 산성 앞에 고古 자를 붙인 것으로 추정된다. 진안 와정토성이 문을 닫은 뒤에도 웅　진기, 사비기를 거쳐 후백제까지 내내 교역망의 허브 역할을 전담했던 것으로 보이며, 2021년 6월 경 진안 망화리 가야 봉화가 금강 남쪽에서 발견되어 그 중요성을 더욱 높였다.

진안 와정토성에서 서쪽으로 300m 거리를 두고 진안 황산리 고분군이 위치한다. 모두 11기의 가야 수혈식 석곽묘에서 가야토기와 백제토기가 반절씩 섞여있고, 여기에 신라토기와 고구려토기도 함께 나왔다. 진안고원에서 생산된 철이 전국 각지로 유통될 때 대부분 진안 와정토성을 거쳐간 것이다. 전북 동부 교역망의 허브 진안 와정토성을 서로 차지하기 위해 백제와 반파국이 국력을 쏟았음을 알 수 있다.

32장

지붕 없는
철 박물관이 있다면

2200년 고대의 테크노밸리로 일군 제나라 전횡의 후예들이 100년 뒤 이동했는데, 장수군 천천면 남양리에서 그 자취가 발견됐다. 1989년 남양리 이방마을 김승남 씨가 구덩이를 파던 중 청동유물과 철기유물이 함께 나왔다. 당시 밭주인이 무 구덩이에서 쏟아진 유물을 발견 매장문화재로 신고함으로써 그 존재를 세상에 알렸다. 그때부터 장수군이 가야 영역에서 철기문화가 처음 시작된 곳으로 학계의 관심을 받기 시작했다.

흔히 철의 왕국으로 회자된 가야는 기원을 전후한 시기부터 6세기 중반까지 영남 서부 지역에서 호남 동부에 걸쳐 존재했던 왕국들의 총칭이다. 가야를 소개할 때마다 늘 따라붙는 수식어가 '수수께끼의 왕국' 혹은 '비운의 왕국'이다. 이유는 『삼국사기』에서 가야의 역사를 다루지 않았기 때문이다. 본래부터 가야의 역사 기록이 없었는지, 김부식이 가야사를 외면했는지는 알 수 없다.

1980년대부터 고고학 자료로 그 실체를 드러낸 가야의 역사와 문화는 삼국과

운봉고원의 철의 왕국, 기문국

장수 남양리 4호 적석목관묘 발굴 후 모습으로 초기철기시대 때 전북의 핵심 묘제이다.

어깨를 견줄 만큼 우수한 것으로 밝혀지고 있다. 백두대간이 가야 영역의 서쪽 경계로 인식됐는데, 백두대간 서쪽에서 그 존재를 드러낸 유일한 가야 왕국이 반파국이다. 오래전부터 가야가 철의 왕국으로 널리 회자됐는데, 모든 가야의 영역에서 철광석을 녹여 철을 생산하던 제철유적이 학계에 가장 많이 보고된 곳이 반파국이다.

지금까지 장수군에서 발견된 제철유적은 80여 개소에 달한다. 백두대간 서쪽 토옥동계곡과 지지계곡, 금남호남정맥의 장안산과 무돌리골 등 수량이 풍부한 산골짜기 내 평탄지에 입지를 두었다. 장수군 제철유적 부근에는 철광석을 채굴하던 채석장과 숯을 굽던 숯가마도 자리한다. 한마디로 철광석의 채광부터 숯을 가지고 철광석을 환원시켜 철을 추출해 내는 제철 공정을 한 자리에서 만날 수 있다.

장수 남양리 유적에서 나온 유물 모음으로 청동유물과 철기유물이 반절씩 섞여있다.

　　백두대간과 금남호남정맥, 금남정맥 사이 진안고원에 터전을 둔 반파국은 4세기 후반 경 처음 등장해 가야 왕국으로 발전하다가 6세기 초 백제에 복속됐다. 금남호남정맥의 산줄기가 백제의 동쪽 진출을 막았고, 사통팔달했던 교역망의 장악, 대규모 구리와 철산개발, 한성기 백제의 간선교통로가 통과하지 않는 지정학적인 이점도 크게 작용했다. 이를 발판으로 장수 동촌리 말무덤이 지속적인 발전과정을 거쳐 240여 기의 가야 중대형 고총이 진안고원의 장수군에만 조영됐다.

　　장수 동촌리 가야 고총에서 처음으로 말편자가 출토되어, 반파국이 철의 생산부터 주조기술까지 갖췄음을 방증한다. 지금까지 가야 고총에서 한 점만 나와 반파국이 무쇠를 두드려 만든 철제품으로 추정된다. 금강 최상류에서 가야 문화를 화려하게 꽃피웠던 반파국은 150여 개소의 제철유적을 남긴 철의 왕국인 동시에 120여 개소의 가야 봉화로 상징되는 봉화 왕국이다.

우리나라에서 삼국시대 가야 봉화가 장수군을 중심으로 전북 동부에서만 발견됐다. 전북 동부에서 그 존재를 드러낸 120여 개소의 가야 봉화는 백제와 등을 맞댄 반파국이 생존을 위해 국가 차원에서 운영했다. 전북 동부에 선상으로 배치된 120여 개소의 봉화망은 반

▲ 장수 남양리 유적에서 나온 잔무늬거울.

파국의 영역과 일치한다. 더군다나 장수군 제철유적을 사방에서 감시하듯이 배치되어, 반파국 제철유적의 방비 역할도 담당했던 것 같다.

2016년부터 군산대학교 고고학팀에 의해 장수 대적골 제철유적이 발견됐다. 백두대간 장수덕유산 서쪽 대적골에서 다량의 슬래그가 수습됐는데, 그 분포 범위가 2.1km에 달한다. 여기서 대적골은 큰 보물단지라는 의미가 담겨있다. 2017년부터 다섯 개 지구로 나누어 군산대학교 박물관에서 시굴조사를, 전주문화유산연구원에서 세 차례의 발굴조사를 실시했는데, 지금까지 기대 이상으로 큰 성과를 거두었다.

다 구역은 자형 석축을 쌓아 작업공간이 마련됐는데, 유구는 제련로 4기, 단야시설 2기, 추정 용해로 1기, 석축시설 1기, 퇴적구 등이 조사됐다. 모두 4기의 유구가 중복된 제련로는 말각 장방형 상형로로 배재부와 송풍구가 확인됐다. 그리고 단야시설과 추정 용해로는 점토와 석재를 이용하여 만들었지만 대부분 유실되어 바닥 부분만 남아 있었다. 장수 대적골 제철유적의 핵심 공간이다.

라 구역은 장수 덕유산에서 서남쪽으로 뻗은 산줄기 남쪽 기슭 하단부에 위치한다. 유구는 비교적 넓게 조성된 평탄지에 서로 조성 시기를 달리하는 건물지와 석축이 확인됐다. 유물은 후백제와 고려시대, 조선시대에 해당하는 토기편과 기와편, 자기편 등이 출토됐다.

마 구역은 대적골 가장 아래쪽에 위치하고 있으며, 주조와 관련된 작업시설과 거푸집 가마 2기 등이 조사됐다.

라 구역에서 나온 후백제 유물은 기와편이 대부분을 차지한다. 기와편은 표면에 격자문과 어골문이 거칠게 시문되어 있다. 전주 동고산성, 장수 침령·합미산성 출토품과 유물의 속성이 상통한다. 후백제 기와편이 대부분 붉게 산화되어 대규모 화재가 있었음을 알 수 있다. 금남호남정맥, 금남정맥 자리한 산성들이 증축됐는데, 후백제가 동쪽 방어체계의 구축 및 제철유적의 방비와 관련된 것으로 밝혀졌다.

삼국시대 때 철산지 진안고원을 차지하려고 백제와 가야, 신라가 서로 치열하게 각축전을 펼침으로써 삼국의 유적과 유물이 공존한다. 그러다가 반파국이 백제에 의해 복속됐고, 백제와 후백제의 멸망 이후에는 전북 동부가 더 이상 주목을 받지 못하게 되었다. 장수 남양리에서 처음 시작된 대규모 철산개발이 갑작스런 후 백제의 멸망과 함께 일시에 중단된 것이 가장 결정적인 요인으로 작용했다.

가야 철기문화의 산실이자 봉화 왕국 반파국을 탄생시킨 장수군도 지금은 낙

후된 지역을 암시하는 무진장茂鎭長으로 그 위상이 바뀌었다. 그렇다면 반파국의 발전상과 삼국의 각축장으로 진안고원이 융성할 수 있었던 원동력은 무엇일까? 그것은 초기철기시대부터 반파국을 거쳐 후백제까지 철산개발과 무관하지 않을 것이다. 향후 장수군 제철유적의 발굴조사와 문화재 지정, 유적의 정비복원을 통한 활용방안이 마련됐으면 한다.

33장

제철유적과
봉화망 구축

진안고원은 호남의 지붕으로도 불리며, 전북 무주군·진안군·장수군과 충남 금산군이 여기에 속한다. 지금까지 개마고원과 함께 오지를 암시하는 무진장으로 회자됐는데, 여기서는 한없이 많다는 의미를 지닌 무진장無盡藏으로 소개하려고 한다. 가야사 국정과제 일환으로 진안고원 제철유적 정밀 지표조사를 통해 160여 개소의 제철유적이 학계에 보고됐다.

진안고원 제철유적의 첫 만남은 거의 우연에 가까웠다. 2014년 장수군 문화유적을 찾는 지표조사를 실시하던 중 아스팔트 포장도로에서 그 실마리를 찾았다. 아스콘을 만드는 과정에 들어간 철광석에서 뿜어낸 녹물이 도로를 마치 예술 작품처럼 알록달록 수놓은 것이다. 그때부터 진안고원 제철유적의 존재 가능성을 열어두고 해마다 지표조사를 실시했다.

그런가 하면 도로를 개설하면서 생긴 절단면에서 뿜어낸 녹물도 큰 단서가 됐다. 진안고원 내 장수군과 무주군은 철의 순도가 워낙 높아 철광석이 괴련철塊鍊鐵

운봉고원의 철의 왕국, 기문국

장수 대적골 제철유적 내 슬래그 더미로 그 규모가 20m 내외로 초대형이다.

을 방불케 했다. 장수군 장계면 금곡리·금덕리, 계북면 토옥동 계곡, 무주군 설천면 삼공리 구천동·월음령계곡에서 만난 철광석은 거의 선철銑鐵에 가까웠다. 문헌이 남아 있지 않지만 자연이 전해준 철의 이야기이다.

진안고원은 수계상으로 금강 최상류를 이룬다. 전북 무주군과 진안군, 충남 금산군, 장수군 번암면·산서면을 제외한 장수군, 완주군 운주면이 여기에 속한다. 만경강 유역에 속한 완주군은 유일하게 운주면만 금강 유역에 자리한다. 가야사 국정과제로 진안고원에 160여 개소의 제철유적이 분포된 것으로 밝혀졌는데, 충남 금산군에도 제철유적이 더 자리하고 있을 것으로 추정된다.

장수 침곡리 봉화 목제 집수시설로 그 속성이 공주 공산성 목곽고와 상통한다.

『산경표』는 전북에서 한마디로 제철유적이다. 백두대간 덕유산·남덕유산, 금남호남정맥 장안산·팔공산, 금남정맥 운장산 일원에 제철유적이 집중적으로 분포되어 있다. 장수군 일원에 80여 개소와 무주군에 60여 개소, 진안군에서 20여 개소, 완주군 운주면에서 10여 개소의 제철유적이 그 존재를 드러냄으로써 금강유역에 제철유적이 골고루 분포되어 있음을 알 수 있다.

다른 한편으로 제철유적은 국력의 원천으로 평가된다. 진안고원을 무대로 융성했던 철의 왕국이 존재했음을 추론해 볼 수 있으며, 전북 동부에서 120여 개소의

운봉고원의 철의 왕국, 기문국

백두대간 산줄기에 위치한 남원 봉화산 봉화 표지석으로 운봉봉화로가 통과한다.

가야 봉화가 발견되어 봉화 왕국의 존재도 유적으로 입증됐다. 장수군 장계분지가 여러 갈래 봉화로의 최종 종착지로 밝혀져 제철유적과 봉화가 서로 불가분의 관계였음을 유추해 볼 수 있다.

봉화는 나라의 존재와 국력을 가장 솔직히 대변한다. 삼국시대 고구려와 백제, 신라는 고대국가로 발전했지만 봉후(화)제를 운영하지 않았다. 그러나 가야 왕국인 반파국은 백제와 3년 전쟁을 치를 때 봉후(화)를 운영했던 것으로 문헌에 전하며, 바야흐로 전북 동부에서만 가야 봉화가 발견되어 반파국의 존재를 증명한 것이다.

제철유적과 봉화망 구축

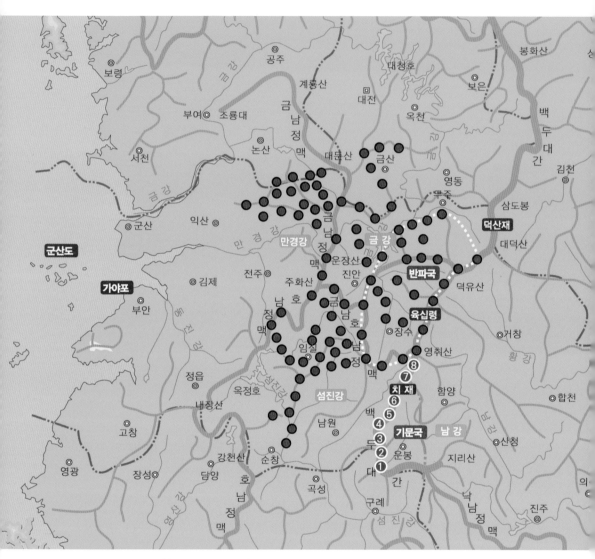

전북 동부 가야 봉화망과 운봉봉화로(① 덕천리 ② 준향리 ③ 고남산 ④ 아곡리 ⑤ 시리봉 ⑥ 매봉 ⑦ 봉화산 ⑧ 무명봉 봉화). 하얀색 점선은 반파국의 본래 추정 국경선이다.

운봉고원의 철의 왕국, 기문국

봉화 왕국 반파국의 국력은 도대체 어디서 나왔을까?

진안고원에서 가야 봉화와 제철유적의 분포양상이 거의 일치한다. 아직은 전북 동부 제철유적을 대상으로 발굴이 거의 이루어지지 않아 제철유적의 운영 시기와 그 역사성은 파악되지 않았다. 신라 무산현이 설치된 무주군 무풍면에서는 30여 개소의 제철유적이 발견됐지만 한 개소의 가야 봉화도 발견되지 않았다. 따라서 장수군에 기반을 둔 반파국이 가야 봉화를 유일하게 설치 운영한 것으로 밝혀졌다.

봉화는 또한 국가의 영역을 말해준다. 그 이유는 변방의 위급한 상황을 중앙에 신속히 알리는 통신제도이기 때문이다. 그리하여 한 개소의 가야 봉화가 홀로 존재할 수 없으며 반드시 봉화로가 복원되어야 하며, 따라서 전국에 걸쳐 통신망을 구축하기 위해서는 국력이 뒷받침되어야 한다. 진안고원에서 초대형의 제철유적이 대거 분포된 것은 반파국의 국력이 막강했음을 알 수 있다.

1,500년 전 중국 및 일본 문헌에 함께 등장하는 가야 왕국이 반파국이다. 중국 「양직공도」에는 첫 번째로 이름을 올렸고, 『일본서기』에는 백제와 3년 전쟁을 치른 나라로 소개되어 있다. 지금까지 가야 맹주인 대가야를 반파국으로 비정한 주장이 큰 지지를 받았다. 경남 함양, 경북 성주를 반파국으로 비정한 견해가 더 있지만, 이들 지역에서는 한 개소의 가야 봉화도 발견되지 않았다.

전북 동부에서는 120여 개소의 가야 봉화가 발견됐고, 여러 갈래의 가야 봉화로도 복원됐다. 반파국은 문헌에서 요구하는 반파국의 필수 조건을 모두 충족시켰으며, 또한 진안고원 제철유적이 탄생시킨 최고의 산물이 가야 봉화인 것이다. 가야사 국정과제로 가야 봉화의 역사성을 고증하기 위한 학술발굴도 이제 막 시작됐다. 향후 레이저 아트로 가야 봉화를 재현하여 전북 가야의 미래 관광자원으로 활용 방안이 모색됐으면 한다.

34장

만경강 철 가공,
단야구 이야기

　　　　　　　　　　　　2200년 전 만경강 유역이 초기 철기문화의
중심지로 급부상했다. 당시 융성할 수 있었던 것은 제나라 전횡의 망명, 고조선 준
왕의 남래가 역사적인 배경으로 작용했을 것으로 추측되며, 이때부터 전북혁신도
시에서 철기문화가 시작됐다. 이제까지 큰 지지를 받았던 철기문화가 육로보다 바
닷길로 새만금을 거쳐 만경강 유역으로 전래됐음을 말해준다.

　　완주 상운리는 만경강 내륙수로와 여러 갈래 옛길이 교차하는 곳에 위치한다.
모두 40여 기의 분구묘가 무리지은 마한 최대 규모의 분묘유적으로 500여 점의 철
기류가 출토됐다. 철기유물은 단야구류를 중심으로 농공구류, 마구류, 무구류 등
그 종류가 다양하고 풍부하다. 완주군 용진읍 상운리 일대가 또 다른 마한의 거점
이었음을 유적과 유물로 방증해 주었다.

　　철기유물에서 가장 큰 관심을 끈 것은 단야구의 출토량이 많다는 점이다. 단야
구류는 무쇠에 열을 가한 뒤 집게로 잡아 모루 위에 올려놓고 망치로 두드리는데

필요한 담금질 연장이다. 당시에 무쇠를 다시 두드려 철을 가공하는데 없어서는 안 될 필수 도구이다. 더군다나 단야구류가 대부분 지배층 무덤에서 나와 무덤 주인공의 권위와 신분을 대변해 주는 위세품으로 통한다.

완주 상운리에서 20세트의 단야구가 나왔다. 우리나라의 단일 유적에서 나온 단야구 중 가장 많은 양을 차지한다. 전북 동부에서 생산된 철이 완주 상운리 등 만경강유역에서 다시 2차 가공됐음을 떠올리게 하는 대목이다. 더욱이 2018년 가야사 국정과제로 완주군 동북부에서 30여 개소의 제철유적이 발견되어, 만경강 유역이 또 다른 철산지로 각광을 받기 시작했다.

완주 상운리 생활유적에서도 철기유물이 많이 나왔다. 집자리에서 쇠도끼와 쇠화살촉, 쇠손칼 등 다양한 철기유물이 쏟아졌다. 마한의 생활유적과 분묘유적에서 단야구를 중심으로 철기유물이 다량으로 나온 것은 대단히 이례적이다. 만경강유역에 완주 상운리 유적을 남긴 마한의 세력집단은 당시 철의 가공기술을 가진 뛰어난 제련집단이었음을 알 수 있다.

만경강을 사이에 두고 완주 상운리 서북쪽에 완주 수계리 유적이 있다. 완주군 봉동읍 수계리 신포·장포 유적에서 마한의 생활유적과 분묘유적이 함께 조사됐다. 마한의 분구묘 16기와 주구 토광묘 15기, 토광묘 191기와 토기류 291점, 철기류 198점, 옥류 181점 등 모두 672점의 유물이 출토됐다. 마한의 발전상을 일목요연하게 잘 보여줬지만 단야구류는 출토되지 않았다.

동시에 완주 상운리가 구릉지 정상부에 자리하고 있지만 완주 수계리는 만경강 부근 충적지에 위치하여 서로 차이를 보였다. 신포, 장포 등에 담긴 것처럼 만경강 내륙수로 등 사통팔달했던 교역망으로 완주 상운리 철제품을 교류하는데 주도적인 역할을 담당한 것으로 추정된다. 그렇다면 전북 가야의 아이언 벨트가 만경강

유역에서 최종 완성된 것이 아닌가 싶다.

초기 철기시대 철기문화가 곧장 바닷길로 전래되어 전북혁신도시를 최첨단 신도시로 조성했다. 만경강 유역은 철기문화와 해양문화가 하나로 응축되어 마한문화의 요람지로 자리매김 됐다. 완주 상운리 일대로 중심지를 옮긴 이후에도 철기문화가 한층 더 융성했다. 봉화 왕국인 반파국이 만경강 유역으로 진출하여 20여 개소의 가야 봉화를 남긴 것도 철산지의 장악과 무관하지 않다.

반파국이 완주군 동북부 일대에 가야 봉화를 집중적으로 배치함으로써 전북에서 산성 및 봉화의 밀집도가 월등히 높다. 아직까지 가야계 분묘유적이 발견되지 않았지만 관방유적과 통신유적, 제철유적이 함께 공존하여 전북 가야의 경제·국방

을 책임지고 맡았던 것 같다. 그러다가 685년 통일신라 완산주와 900년 후백제 도읍지 전주를 만경강 유역에 탄생시킨 것이다.

터키 히타이트에서 처음 시작된 철기문화가 실크로드를 경유하여 중국에서 바닷길로 전북에 전래됐다. 만경강 유역에 정착한 제나라 전횡, 고조선 준왕의 선진세력은 만경강유역을 초기 철기문화의 메카로 키웠다. 전북혁신도시에 정착했던 제나라 전횡의 후예들이 한 세기 뒤 장수군 천천면 남양리, 지리산 달궁계곡으로 이주하여 전북 동부를 아이언 밸리Iron Valley로 일구게 된 것이다.

2020년 완주군 운주면 고당리와 비봉면 대치리에서 상당히 이른 시기의 제철 유적이 발견되어 그 역사성을 밝히기 위한 학술발굴이 요청되며, 만경강 유역에서 그 존재를 드러낸 가야 봉화의 보존대책 및 정비방안도 마련됐으면 한다. 초기 철기시대부터 후백제까지 천 년 동안 화려하게 수놓은 전북의 철기문화를 널리 홍보할 수 있는 '전북철박물관'이 건립됐으면 한다.

35장 ———————

제철유적과
반파국의 숙명

　　　　　　　　　　우리나라 시군에서 제철유적이 가장 많이 학계에 보고된 곳이 장수군이다. 백두대간을 품은 장수군에서 그 존재를 드러낸 제철유적은 80여 개소에 달한다. 지금도 철광석을 녹여 철을 생산하던 제철유적을 찾고 알리는 정밀 지표조사가 진행되고 있기 때문에 그 수가 더 늘어날 것으로 기대된다. 그동안 고고학자들의 뚝심과 장수군의 행정 지원이 일구어낸 가야사 국정과제의 큰 결실이다.

　　장수군 천천면 남양리 유적은 가야 영역에서 철기문화가 처음 시작된 곳이다. 1989년 남양리 이방마을 김승남 씨가 무 구덩이를 파다가 청동거울과 세형동검, 장방형 석도를 우연히 발견하고 그 존재를 세상에 알렸다. 당시 땅속에서 나온 유물을 발견하여 매장문화재로 신고함으로써 장수군이 초기 철기문화의 보고로 이목을 집중시켰다. 지금도 장수 남양리 유적이 가야 철기문화의 오리진origin으로 회자되고 있다.

금강과 섬진강 유역을 함께 거느린 곳이 장수군이다. 1896년 금강 유역을 중심으로 장수군이 첫 출범하여 백두대간, 금남호남정맥 산줄기가 자연 경계를 이루었다. 1906년 남원군 산서면과 번암면이 장수군으로 이관됨으로써 그 영역을 섬진강 유역으로까지 넓혔다. 금강과 섬진강 분수령 금남호남정맥을 중심으로 서쪽에 산서면이, 남쪽에 번암면이 위치한다.

백두대간은 전북 장수군과 경남 거창군·함양군, 장수군과 남원시 행정 경계를 이루며, 백두대간 산줄기 서쪽 계곡에 장수군 제철유적이 집중 산재해 있다. 일 년 내내 물이 마르지 않고 산골짜기가 깊어 평탄지가 넓게 펼쳐진 곳에 제철유적이 위치하는데, 이곳은 백두대간 월성치·육십령·중치 등 큰 고갯길로 이어진 옛길이 통과하는 계곡이다.

그 가운데 장수군 계북면 양악리 토옥동 제철유적이 가장 대표적이다. 백두대간 삿갓봉과 남덕유산 사이 고갯마루가 월성치로 백제 사비기 백제와 신라의 사신들이 오갔던 사행로이다. 여러 갈래 물줄기가 하나로 합쳐 토옥동 계곡을 이루고 있는데, 모든 골짜기마다 제철유적이 자리하고 있고, 토옥동土玉洞 지명도 대규모 제철유적의 존재를 가늠하게 한다.

백두대간 큰 고갯길 육십령 북쪽에 장계면 명덕리 대적골 제철유적이 있다. 모두 다섯 차례의 학술발굴에서 제련과 정련, 가공까지 함께 이루어진 일관 제철소로 거듭났다. 2020년 후백제 문화층에서 청동제 소형 동종과 기와편이 나와 제철유적을 관할하던 건물지가 조사됐다. 대적골은 그 의미가 큰 보물단지로 지명으로도 대규모 제철유적이 자리하고 있다는 것을 넌지시 알렸다.

금남호남정맥에 우뚝 솟은 장안산 부근에도 제철유적과 숯가마가 폭 넓게 분포되어 있다. 장수군에서도 장안산 서쪽 기슭에서 발원해 서남쪽으로 흐르는 용림천

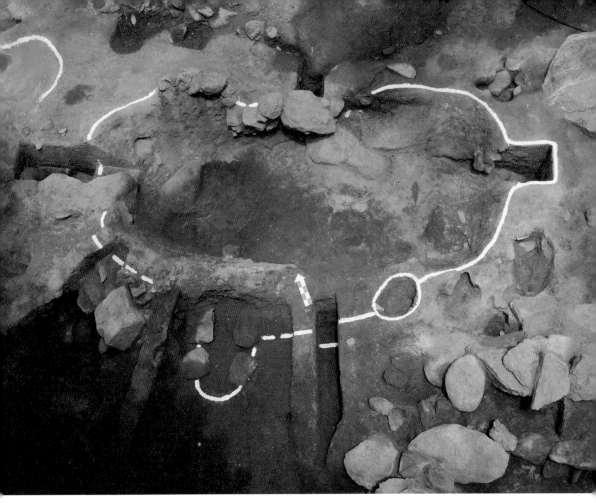

장수군 장계면 명덕리 대적골 제철유적 제련로 발굴 후 모습.

을 따라 제철유적이 산재해 있는데, 장수 무돌리골 제철유적이 가장 크다. 반면 장
안산 북쪽 계남면 궁안리 일대에 구리 광산이 있었다고 하는데 그 위치는 아직 발
견하지 못했다.

　장수 남양리 유적 서쪽에 천천면 비룡리 제철유적이 자리하고 있다. 금남호 남
정맥 삿갓봉 동쪽 기슭 하단부로 장수 와룡휴양림에 거의 반달모양으로 파낸 채석

　　　　　　　　　　　　　　운봉고원의 철의 왕국, 기문국

장과 제련로가 조사됐다. 이 일대는 철의 순도가 높은 결정 편암이 폭넓게 분포되어 있다. 금남호남정맥이 장수군 천천면과 진안군 백운면 행정 경계를 이루고 있는데, 진안군 일원에도 제철유적이 더 흩어져 있다.

백두대간과 금남호남정맥 사이 지지계곡에도 20여 개소의 제철유적이 조밀하게 분포되어 있다. 금강·남강·섬진강 분수령 영취산 서쪽 기슭 무룡샘에서 발원하는 요천을 따라 양쪽 골짜기에 제철유적이 집중되어 있다. 이직은 번암면 지지계곡의 제철유적을 대상으로 한 차례의 발굴도 이루어지지 않아 그 역사성이 밝혀지지 않은 상태이다.

장수읍 대성고원과 그 부근에서도 제철유적이 발견됐다. 백두대간 치재가 장수군 번암면 소재지 동쪽에 있는데, 운봉고원 철산지 북쪽 관문으로 가야와 백제를 이어주던 옛길이 통과한다. 장수군 번암면과 산서면 경계에 말티고개가 있는데, 백두대간 치재와 함께 철의 유통을 지명으로 반증해 준다. 당시의 교역망과 지명으로 장수군이 제철유적의 보고였음을 알 수 있다.

전북 동부에서 그 존재를 드러낸 120여 개소 가야 봉화의 최종 종착지가 장수군 장계분지로 밝혀졌다. 1500년 전 반파국이 전북 가야의 영역에 가야 봉화망을 구축할 수 있었던 국력의 원천은 두말할 것도 없이 철산개발이다. 전북 동부 제철유적의 역사성을 검증하기 위한 남원시와 장수군, 무주군의 발굴비 지원에 감사를 드린다. 장수군 제철유적과 반파국의 연관성을 고증하기 위한 학제 간 혹은 지역 간 융복합 연구가 절실하다.

36장

봉화 왕국,
무쇠를 두드리다

흔히 가야를 '철의 왕국'으로 부른다. 1970
년대부터 가야의 부활을 위해 영남에서 시작된 학술발굴이 이룬 큰 쾌거이다. 전
기 가야의 맹주 금관가야의 도읍인 김해는 쇠 바다를 의미한다. 후기 가야를 이끈
대가야도 철산개발로 국력을 다진 것으로 유명하다.

2020년 9월 장수군이 신문과 방송을 뜨겁게 달구었다. 장계면 장계리 반파국
지배층 무덤에서 단야구가 일괄로 나왔기 때문이다. 단야구는 철광석을 녹여 생산
된 무쇠를 두드려 철제품을 만들 때 반드시 필요한 필수 도구이다. 아무데서나 출
토되지 않고 대부분 지배층 혹은 수장층 무덤에서만 나왔다. 가야 고총에서 단야
구가 나온 것은 그 자체만으로도 커다란 의미를 지닌다.

아이러니하게도 가야의 철기문화는 반파국을 탄생시킨 장수군에서 시작됐다.
장수군 천천면 남양리 들판에서 나온 쇠도끼가 바로 그 근거이다. 1989년 늦가을
무 구덩이를 파다가 우연히 유물이 발견되어 두 차례의 시(발)굴이 이루어졌다. 기

원전 2세기 경 지배자 무덤에서 청동유물과 철기유물이 반절씩 섞인 상태로 나와 장수군에서 철기문화의 시작을 알렸다.

장수 백화산 고분군에서 나온 단야구에는 어떤 의미가 담겼을까? 초기 철기시대의 철기문화가 삼국시대 반파국까지 계속됐음을 말해준다.

한반도의 척추이자 자연 생태계의 보고로 알려진 백두대간 서쪽 계곡에 제철유적이 집중 분포되어 있다. 금강과 섬진강유역으로 갈라놓는 금남호남정맥 양쪽 계곡에도 제철유적의 밀집도가 높다. 백두대간과 금남호남정맥 사이 장수군 번암면 지지계곡은 엄밀히 말하면 진정한 철의 계곡이다. 우리 조상들이 남긴 제철유적을 찾고 알리는 고고학자들의 탐험은 멈추지 않고 계속되고 있다.

1500년 전 반파국의 철 생산과 유통은 발굴을 통해서도 검증됐다. 2019년 국가 사적 제552호로 지정된 장수 동촌리 고분군 중 장수 동촌리 19호분에서 나온 말편자는 최고의 철기 제작 기술의 결정체이다. 반파국 백성들이 잠든 장수 삼고리 고분군에서는 당시의 명품 토기들이 다 모여있어 가야사 국정과제의 핵심인 영호남의 상생과 화합을 유물이 보여주고 있다.

전북 동부 여덟 갈래 가야 봉화로의 최종 종착지가 또한 장수군이다. 가야 봉화는 국가의 존재와 국가의 영역과 국가의 국력을 상징한다. 따라서 전국에 통신망을 구축할 정도로 반파국의 국력이 월등했음을 말해준다. 문헌에도 반파국이 고대국가 백제와 3년 전쟁을, 신라와는 적대 관계를 자초했다고 기록되어 있다. 어떻게 보면 봉화와 제철유적은 한 묶음으로 반파국을 대표하는 대명사인 것이다.

우리나라에서 가장 규모가 큰 제철유적 또한 장수군에 있다. 장수군 장계면 명덕리 대적골 제철유적으로 큰 보물단지라는 대적골 지명에 제철유적의 중요성을 담았다. 모두 네 차례의 시(발)굴을 통해 철의 생산부터 가공까지 함께 이루어진 종

운봉고원의 철의 왕국, 기문국

장수 백화산 고분군이 자리한 장수군 장계분지 항공사진이다. 금강 최상류에서 가장 넓은 충적지가 발달한 곳이다. 사진 상단부 좌측 산봉우리가 장수 침령산성으로 그 우측이 전주로 향하는 옛길이 통과하던 방아다리재이다. 이 고갯길 우측이 장수 침곡리 봉화이며, 사진 우측 상단부가 장수 수락봉 봉화이다.

장수 장계리 8호분 단야구 출토 상태.

합제철소로 밝혀졌다. 2019년에는 후백제 문화층에서 청동제 소형 동종이 온전한 모습으로 출토되어 세간의 이목을 집중시켰다.

전북 가야의 영역에서 철광석을 녹여 철을 생산하던 제철유적이 가장 많이 발견된 곳도 장수군이다. 여기서 그치지 않고 반파국 가야 고총에서 그 크기가 작은 단야구가 일괄로 나왔다. 초기철기시대부터 삼국시대 반파국을 거쳐 후백제까지 1000년 동안 철산개발로 철기문화가 융성했음을 유적과 유물로 설파했다.

중국 및 일본 문헌에 등장하는 가야 소국은 20여 개국 이상이다. 가야 소국들은 대부분 백두대간을 만리장성으로 인식하고 그 동쪽에 터를 잡았다. 백두대간 산줄기를 넘어 금강 최상류에 가야 문화를 당당히 꽃피운 유일한 가야 왕국이 반

운봉고원의 철의 왕국, 기문국

파국이다. 장수군 제철 유적과 단야구 세트는 반파국이 참된 철의 왕국이자 봉화 왕국이었음을 확증하는 고고학 자료이다.

장수 장계리 8호분 출토 단야구와 철기유물 모음.

2017년 가야 봉화의 분포망에 근거를 두고 복원된 전북 가야의 영역에서 그 존재를 드러낸 제철유적은 250여 개소에 달한다. 현재까지 지표조사를 통해 그 현황만 파악됐고, 아직은 전북 가야와의 연관성이 밝혀지지 않았기 때문에 이를 고증하기 위한 학술발굴이 요청된다. 전북 동부 제철유적 운영 주체와 운영 시기를 밝히기 위한 학제 간 또는 지역 간 융복합 연구가 시작됐으면 한다.

37장

철의 고장 무주군,
그리고 신라

1500년 전 가야 소국 반파국 위치를 비정하는데 신라가 문헌에 등장한다. 『일본서기』에 "반파는 (중략) 사졸과 병기를 모아서 신라를 핍박했다. 자녀를 몰아 잡아가고 촌읍을 벗겨 빼앗아가니 적의 힘이 가해진 곳에는 남는 것이 드물었다. 무릇 포악하고 사치스럽고 괴롭히고 업신여기고 베어 죽임이 너무 많아서 상세히 적을 수가 없을 정도였다."라고 기록되어 있다.

신라가 반파국으로부터 말로 다 형언할 수 없는 큰 피해를 입었음을 알 수 있다. 동시에 반파국은 국경을 마주했던 신라를 잔혹하게 핍박할 정도로 국력이 강성했다. 전북 동부에서 그 존재를 드러낸 120여 개소의 가야 봉화와 240여 기의 가야 중대형 고총을 근거로 장수 가야를 반파국으로 비정했고, 가야 봉화망으로 반파국의 영역도 복원됐다.

1990년대부터 시작된 가야 봉화 찾기 프로젝트 때 무주군 안성면·적상면·부남면에서만 가야 봉화가 발견됐다. 무주군 안성면과 적상면 경계를 이룬 봉화산과

운봉고원의 철의 왕국, 기문국

조항산, 노고산 봉화가 여기에 속한다. 그러나 무주읍과 설천면, 무풍면에서는 가야 봉화의 존재가 여전히 발견되지 않고 있다. 따라서 무주군에서 가야 봉화가 배치된 지역만 반파국 영역에 포함시켰다.

2018년 무주군 매장문화재의 실체를 밝히기 위한 첫 학술발굴이 시작되어, 무주읍 대차리 차산마을 동쪽을 휘감은 산자락에 위치한 분묘유적이 선정됐다. 백두대간 삼도봉 서쪽 기슭에서 발원해 무주군을 동서로 관통하는 남대천 북쪽에 무주 대차리가 위치한다.

신라 무산현 행정치소인 무주군 무풍면 일대를 넉넉하게 적신 남대천은 나제통문을 지나 잇따라 동북쪽으로 흘러 무주읍 대차리에서 금강으로 흘러든다. 지금도 금산과 무주를 잇는 37번 국도와 35번 통영대전고속국도가 본래 금강 나루터가 있

덕유산 국립공원 내 무주 삼공리 구천계곡 제철유적 슬래그 더미로 그 규모가 초대형이다.

었던 용포리를 통과한다. 백제와 신라의 사신들이 오갔던 웅진기 사행로가 무주읍 용포리 나루터에서 금강을 건넜다.

무주 대차리 고분군에서 11기의 수혈식 석곽묘가 조사됐는데, 무덤은 바닥에 시상석을 갖춘 9기와 시상석이 없는 것이 함께 존재한다. 전자는 유구의 속성이 옥천 금구리, 상주 헌신동·병성동 신라고분과 흡사하다. 유물은 고배, 대부장경호 등 40여 점의 신라토기가 유물의 절대량을 점유하고 있으며, 그 상한은 대체로 5세기 말 경으로 편년됐다.

무주군 일대로의 신라의 진출은 무주 대차리 발굴로 입증되었고, 동시에 역사학계에서 인식했던 것보다 50년 이상 신라의 진출을 앞당겼다. 백두대간 덕산재를 넘어 나제통문을 통과하던 옛길을 따라 진출한 신라가 무주군 일대를 장악했던 것이다. 무엇 때문에 신라는 나제동맹을 저버리고 무주군에 큰

백두대간 수령, 본래 뼈재로 철산지를 두고 잦은 전쟁을 암시.

관심을 두었을까? 아무리 생각해도 철산지 장악과 무관하지 않을 것이다.

가야사 국정과제로 무주군에서 60여 개소의 제철유적이 처음 학계에 보고됐는데, 백두대간을 따라 물이 풍부하고 평탄지가 발달한 계곡에 제철유적이 위치한다. 덕유산 향적봉을 중심으로 40여 개소의 제철유적이 사방에 골고루 산재해 그 밀집도가 탁월하다. 청정 무주군이 다시 또 철산지로 새롭게 태어난 것이다. 고고학으로 본 무주군은 한마디로 철鐵의 고장이다.

신라와 반파국이 국력을 쏟아 부은 무주군은 적천赤川, 무풍茂豐 등 지명으로도 철산지였음을 넌지시 알려준다. 더군다나 신라계 유적이 발견됐거나 신라 유물이 나온 지역에서는 반파국 봉화가 발견되지 않았다. 아무래도 무주군 철산지를 두고 두 나라가 극심한 갈등을 초래했기 때문이다. 삼국시대 수많은 전사자가 생겨 뼈를 묻었다는 이야기가 백두대간 수령에 전한다.

국경선을 감시하다,
무주 당산리 산성

　　　　　　　　　　가야사 국정과제로 무주군에서 찾은 가야
봉화는 10여 개소에 달한다. 무주군 안성면을 중심으로 적상면과 부남면, 무주읍
일부 지역이 여기에 속한다. 그러나 신라 유적이 산재해 있거나 신라토기가 발견된
지역에서는 한 개소의 가야 봉화도 발견되지 않았다. 지금도 무주군 가야 봉화대
찾기 프로젝트가 진행되고 있기 때문에 그 수가 더 늘어날 것으로 확신한다.

　　2021년 2월 말 황재남 사진작가와 단둘이 무주군으로 지표조사를 다녀왔다.
아침 일찍 전주에서 만나 무주군으로 향했는데, 당일 목적지는 무주군 무주읍 남
쪽 산봉우리였다. 아무리 정밀한 지도를 확인해도 산 이름이 나오지 않아 솔직히
자신이 없어 상당히 망설였다. 옛길이 통과하던 싸리재에 차를 주차하고 산봉우
리에 올랐는데 기대 이상으로 큰 성과를 거두었다. 왜 고고학자가 발품을 팔아야
하는지 뒤돌아본 하루였다.

　　백두대간 대덕산 서쪽 기슭에서 발원하는 남대천은 무주군을 가로지른 뒤 무

주읍 대차리에서 금강으로 흘러든다. 해마다 무주읍 남대천 일원에서 반딧불축제가 열려 전국적인 명소이다. 무주읍 중심부를 동서로 횡단하면서 배산임수의 지형을 연출해 풍수지리에서 최고의 명당을 이룬다. 무주읍 당산리에 남대천과 평행되게 동서로 뻗은 산봉우리 정상부에 산성이 있다. 아이러니하게도 산성의 존재가 세상에 알려지지 않아 무척 놀라웠다.

산 이름이 없어 무주 당산리 산성으로 이름을 지었다. 이 산성은 동서 길이 180m 산봉우리 정상부에 테뫼식 성벽을 둘러 그 평면 형태가 장타원형이다. 성돌은 흑운모 편마암으로 상당히 거칠게 다듬었는데, 성벽은 일부 구간을 제외하면 대부분 무너져 내렸다. 현지조사 때 유물이 발견되지 않았지만 산성의 평면 형태와 성벽의 축조기법은 가야 산성을 쏙 빼닮았다.

이 산성의 특징은 서쪽 성벽 위에 봉화대를 두었다는 점이다. 봉화대는 그 평면 형태가 장방형으로 벽석이 대부분 붕괴되어 봉화시설을 찾지 못했다. 산성 내부는 인위적으로 평탄하게 다듬어 후대에 대규모 민묘 구역으로 조성됐다. 아직은 발굴이 이루어지지 않았지만 완주 용복리·종리 산성 등 국경에 배치된 산성 내 가야 봉화시설과 그 속성이 상통한다.

만경강 유역에서 그 존재를 드러낸 가야 산성은 평면 형태가 대부분 장타원형이다. 가야 산성은 상당히 기다란 산봉우리 정상부에 장타원형의 성벽을 두르고 성벽 위에 봉화시설을 두었다. 무주 당산리 산성도 주계고성이 한눈에 들어오는 서쪽 산봉우리에 봉화시설이 배치되어 있고, 봉화대에서 서쪽으로 100m 떨어진 싸리재가 잘 조망되는 곳에 망루를 쌓았다.

무주 당산리 산성 지표조사를 기획한 것은 그 북쪽에 신라 산성이 있기 때문이다. 무주 주계고성이 남대천 북쪽에 자리를 잡았는데, 현지조사 때 다량의 신라토기편이 수습됐다. 무주 주계고성은 백제 산성으로 학계에 보고됐지만 신라가 산성의 터를 닦았을 것으로 추정된다. 왜냐하면 주계고성에서 서쪽으로 400m 거리를 두고 신라 분묘유적이 자리하고 있기 때문이다.

무주 대차리 고분군에서는 모두 11기의 신라고분이 조사됐으나 가야 고분이 일부 포함되어 신라보다 앞서서 반파국이 무주군 일대로 진출했음을 알 수 있다. 유물은 고배, 대부장경호 등 신라토기가 유물의 절대량을 점유하고 있으며, 그 상한은 대체로 5세기 말엽으로 편년됐다. 종래에 학계에서 인식했던 것보다 무주군 일대로의 신라의 진출을 50년 이상 앞당긴 것이다. 이것은 가야사 국정과제에서 거둔 큰 결실이다.

신라 무산현 행정 치소인 무주군 무풍면에서도 신라토기가 다량으로 수습되어 다시 또 신라의 서진西進을 입증하였다. 당시 신라는 백제와 엄연히 나제동맹을 맺은 상태였지만 5세기 말엽부터 백두대간을 넘어 무주군 일대로 진출하여 신라 유적과 유물을 남겼다. 아무래도 백두대간 서쪽 무주군 철산지를 장악하려는 신라의 국가 전략이 작동됐기 때문이며, 따라서 무주군에는 백제와 신라, 반파국 등 삼국의 유적과 유물이 공존한다.

무주군에서 그 존재를 드러낸 제철유적은 70여 개소에 달한다. 백제와 신라의 국경으로 알려진 나제통문을 중심으로 무주군 무풍면과 덕유산 부근에 제철유적이 산재해 있다. 신라 무산현 행정치소인 무풍면은 장수군과 함께 제철유적의 밀집도가 월등히 높다. 덕유산 구천계곡과 월음령계곡은 10여 개씩 제철유적이 무리지어 진정한 철의 계곡으로 회자된다.

무주군 제철유적은 지명으로도 확인할 수 있는데, 무주읍은 백제 적천현赤川縣으로 통일신라 때 단천현丹川縣, 고려시대 주계현朱溪縣으로 지명에 쇳물을 담았다.

운봉고원의 철의 왕국, 기문국

무주 용포리 노고산 봉화 발굴 후 모습.

덕유산 국립공원 내 무주 삼공리 제철유적 발굴 광경.

웅진기 백제와 신라의 사신들이 오갔던 나제통문으로 무주와 김천을 잇는 국도가 통과한다.

신라 무산현茂山縣은 한자식 무풍면茂豊面으로 지명이 바뀌었는데, 무풍에 '샹그릴라'의 의미가 담겨있다. 덕유산은 넉넉함이 넘친다는 의미로 최고봉 향적봉이 다시또 철의 중요성을 강조했다. 여기서 그치지 않고 구천동 지명에도 철의 의미가 담긴것이 아닌가 싶다.

2020년에는 무주 노고산 봉화가 그 실체를 드러냈다. 무주 당산리 산성에서 서

운봉고원의 철의 왕국, 기문국

쪽으로 4km 가량 떨어진 산봉우리로 전라문화유산연구원 주관으로 학술발굴이 진행됐다. 오래 전 민묘를 조성하는 과정에 봉화대가 훼손됐지만, 봉화대의 바닥부분과 성벽 흔적이 확인됐고, 더불어 이 일대는 삼국의 국경선이 형성됐던 곳으로 교통의 중심지이자 전략상 요충지를 이루었다.

무주 노고산 봉화 서쪽에 무주 조항산, 진안 지장산 봉화가 금강 남쪽에 배치되어 있다. 백제와의 국경선 금강을 감시하던 반파국 봉화들이다. 봉화대는 그 평면형태가 장방형으로 대부분 성벽을 한 바퀴 둘렀고, 현지조사 때 유물은 회청색 경질토기편만 수습됐다. 봉화왕국 반파국이 국경선을 따라 배치했던 가야 봉화대의 특징을 자랑한다.

가야사 국정과제로 남대천을 사이에 두고 주계고성 남쪽 산봉우리 산성에서 가야 봉화대가 발견됐다. 무주 주계고성에 주둔한 신라군을 대응하기 위해 반파국이 구축한 방어 시설이다. 당시 반파국이 신라에 큰 피해를 준 것으로 문헌에 생생하게 기록되어 있는데, 그 격전지가 무주군 철산지로 추측된다. 무주읍을 동서로 가로지르는 남대천을 따라 한동안 반파국과 신라의 국경선이 형성됐음을 알 수 있다.

제동유적의 메카가 되다,
진안 대량리

흔히 지명은 그 지역의 특징과 역사를 함께 담고 있다. 전북 진안군 동향면에는 무슨 의미가 담겼을까? 우리말로 동향면銅鄕面은 구리고을이다. 얼마나 구리를 많이 생산했으면 지명에 구리를 초대했을까? 진안이 고향인 필자로서는 꼭 유적을 찾겠다는 다짐과 각오를 잊은 적이 없었다. 당시까지만 해도 구리를 생산하던 유적이 학계에 보고되지 않았다.

2015년 구리고을 유적 찾는 프로젝트가 시작됐다. 이른 아침 이용엽 어르신과 함께 전주를 출발 진안으로 향했다. 금남정맥 보룡재를 넘어 진안군 동향면까지 한 시간 남짓 어르신이 들려준 진안고원의 이야기는 경탄 그 자체였다. 2001년 진안 용담댐 건설로 진안군 동향면 능금리로 이전 복원된 용담향교에서 전교를 역임하신 박경태 님과 성수태 님, 안기현 님을 만났다.

드디어 진안군 동향면 대량리 창말마을 부근에서 유적의 단서를 찾았다. 논과 밭 사이 평탄지에 잡초가 무성하게 우거졌는데, 어르신이 아무리 정성을 쏟아도 농

진안군 동향면 대량리 제동유적 제동로 기저부로 유구의 보존상태가 양호하다.

작물이 자라지 않는다고 어려움을 토로했다. 아닌 게 아니라 슬래그 더미에 풀 한 포기도 없는 걸 보고 유적의 위상을 짐작할 수 있었다. 당일 창말마을 동쪽 골짜기에서 동광석 채석장을 둘러보고 숨이 멎는 듯했다.

 2016년 진안군 협조로 유적의 잠을 깨우는 학술조사가 시작됐다. 문화재청에서 긴급 발굴비를 지원해 주어 슬래그 더미를 대상으로 시굴조사가 추진됐고, 가야사 국정과제 일환으로 전라북도와 진안군 발굴비 지원으로 이어진 학술발굴에서 적지 않은 성과를 거두게 되었다. 우리나라에서 처음으로 구리를 생산하던 유적

을 찾아 제동유적製銅遺蹟이라는 새 이름도 지었다.

　진안 대량리 제동유적은 문필봉 북쪽 기슭 하단부에 위치한다. 군산대학교 가야문화연구소 주관으로 이루어진 세 차례의 발굴에서 3기의 제련로와 대규모 폐기장, 부속 건물지 등의 유구가 확인됐다. 오랫동안 동광석을 녹여 구리를 생산하던 제련로는 하부구조, 배재시설 등이 잘 보존되어 동광석을 녹이던 제련로의 구조를 연구하는데 값진 학술 자료로 이목을 집중시켰다.

　『세종실록지리지』와 『신증동국여지승람新增東國輿地勝覽』, 『여지도서輿地圖書』

등 문헌에는 동향소銅鄕所의 설치와 15세기까지 구리를 생산했다고 기록되어 있다. 현재까지의 학술발굴에서는 토기류와 자기류, 기와류, 슬래그 등 다양한 유물이 출토됐다. 자기류는 초기청자와 순청자, 상감청자, 분청사기, 백자 등이 섞여있는데, 청자류는 대부분 최상급으로 제동유적의 탁월성을 유물로 뒷받침해 주었다.

지구에서 철광석은 그 비율이 4% 내외로 광석 중에서 네 번째로 많다. 그러나 구리가 함유된 동광석은 0.04%로 아주 희귀하다. 진안군 동향면 대량리 창말마을 부근에 동광석이 폭 넓게 분포된 것은 그 자체만으로도 커다란 의미를 지닌다. 구리는 잘 퍼지고 실처럼 늘어나는 성질이 뛰어날 뿐만 아니라 열이나 전기의 전도율이 높아 일상생활에서 널리 쓰인다.

청동이나 황동의 합금을 만들 때 구리가 들어간다. 구석기와 신석기 유적을 제외하면 선사시대부터 역사시대까지의 유적에서 출토량이 상당히 많은 유물이 청동유물이다. 청동기시대부터 초기철기시대까지 유적에서 나온 칼, 거울, 도끼 등의 청동유물은 그 종류도 다양하다. 2200년 전 한반도 테크노밸리로 알려진 전북혁신도시에서 간두령, 세문경 등의 청동유물도 철기유물과 함께 나왔다.

지금도 문양의 재현과 관련하여 학계의 논쟁이 뜨거운 세문경은 전북혁신도시에서 제작되어 전국에 널리 유통된 것으로 밝혀졌다. 아이러니하게도 만경강 유역에 청동문화와 철기문화를 꽃피운 선진세력이 100년 뒤 지리산 달궁계곡 등 전북 동부로 대거 이동하여 진안 대량리 제동유적에서 그다지 멀지 않은 장수군 천천면 남양리에서도 그 발자취가 포착됐다.

장수 남양리 지배자 무덤에서도 청동유물과 철기유물이 반절씩 섞인 상태로 나왔다. 그렇다면 2200년 전 전북혁신도시를 테크노밸리로 일군 선진세력이 동광석과 철광석을 찾아 진안고원으로 대거 이동했음을 알 수 있다. 진안 대량리 제동

▲ 진안군 동향면 대량리 창촌마을 모습으로 사진 우측이 진안 대량리 제동유적이며, 사진 상단 중
앙부 산봉우리가 진안 문필봉 봉화이다. 우리나라에서 유일하게 학계에 보고된 제동유적이다.

운봉고원의 철의 왕국, 기문국

유적에서도 초기 철기시대 토기편이 수습되어 그 개연성을 높였다. 이제 막 시작된 학술발굴에서 그 실마리를 찾았기 때문에 추가 발굴이 요청된다.

진안 대량리는 동광석을 녹여 구리를 생산하던 제동유적으로 유일하게 학계에 보고된 곳이다. 전북 동부에는 250여 개소의 제철유적도 조밀하게 분포되어 참 '아이언 밸리'로 통한다. 초기철기시대부터 후백제, 고려를 거쳐 조선시대까지 지속적으로 구리와 철이 생산되어 전북 동부를 지붕 없는 야외 박물관으로 만들었다.

지금도 문필봉 북쪽 기슭 중단에 동광석을 캐던 굴이 남아 있는데, 1970년대까지 운영되던 구리광산으로 당시 힘든 채광 작업에 직접 참여한 어르신들이 생존해 계신다. 일제강점기 힘들게 캔 동광석을 모두 장항제련소로 실어갔다는 어르신들의 증언이 마음을 뭉클하게 한다. 진안 대량리 제동유적은 구리의 소중함과 역사의 교훈 및 아픔을 떠올리게 하는 곳이다. 2021년 11월 5일 전라북도기념물로 지정됐다.

40장 ─────────────────────────────────

제철유적의 피날레,
장수 침령산성

금남정맥과 호남정맥을 경계로 전북은 동부
산간지대와 서부 평야지대로 나뉜다. 전북 동부 장수군 장계분지에 장수 침령산성
砧嶺山城이 있는데, 문헌에 방어산성으로 등장한다. 백두대간 육십령을 넘어 영남과
호남을 곧장 이어주던 옛길이 통과하던 방아다리재 남쪽 산봉우리에 위치한다. 영
호남이 서로 교류하려면 대부분 거쳐야 하는 길목이자 관문으로 사통팔달했던 교
통의 중심지이자 전략상 요충지를 이루었다.

금남호남정맥 장안산에서 서북쪽으로 갈라져 장계분지와 장수분지 자연 경계
를 이룬 산줄기 끝자락에 산성이 위치한다. 장계분지 서쪽 가장 높은 산봉우리로
남쪽 두 갈래의 골짜기를 아우르고 동쪽에 돌출된 산줄기를 휘감은 포곡식 산성이
다. 본래 산정식이었는데 6세기 중엽 신라에 의해 포곡식 산성으로 그 규모가 크게
확장됐다. 전북 동부 고대 산성 중 남원 아막성에 이어 두 번째로 큰 규모로 전북
동부 고대문화의 발전과정을 일목요연하게 대변해 주는 관방유적이다.

산성은 그 평면 형태가 북쪽이 좁고 남쪽이 상당히 넓은 부채꼴 모양으로 성벽의 둘레는 497m이다. 성벽은 대부분 내탁법으로 축조됐지만 북쪽 일부 구간을 협축법으로 쌓았다. 산성의 동벽과 남벽은 세장방형으로 잘 다듬은 성돌로 바른층 쌓기 방식으로 쌓았는데, 산정식 성벽 구간은 다듬지 않은 깬돌로 허튼층 쌓기로 축조됐다. 성벽의 축조기법이 그 위치에 따라 큰 차이를 보이는 것으로 보아 몇 차례 증축 및 수축이 이루어졌음을 알 수 있다.

장수 침령산성의 성격을 밝히기 위한 학술조사가 몇 차례 이루어졌다. 2004년 전북문화재연구원 주관으로 정밀 지표조사를 실시하여 산성의 현황과 성벽의 축조기법이 상세하게 파악됐다. 2015년 군산대학교 박물관에서 시굴조사를 시작으로 2016년부터 2020년까지 다섯 차례의 학술발굴을 실시하여 3개소의 집수시설과 2개소의 건물지, 동문지 등이 조사됐다.

1호 집수시설은 산성 내 정상부 평탄지에 자리를 잡았는데, 그 평면 형태가 원형으로 계단식이다. 현재 4단 높이로 남아있는데, 본래 6단이었을 것으로 추정된다. 자연 생토 암반층을 직경 16m로 파낸 뒤 그 안에 직경 12m, 깊이 4m의 집수시설을 두었는데, 호남 지방에서 학계에 보고된 집수시설 중 최대 규모이다. 또한 집수시설의 누수를 방지하기 위해 점성이 강한 진흙을 1.5m 두께로 아주 견고하고 단단하게 다졌다.

집수시설의 벽석은 흑운모 편마암 계통의 석재를 상당히 정교하게 잘 다듬어 수직으로 쌓은 뒤 그 위에 판석형 할석으로 덮었는데, 벽석과 벽석 사이는 소형 할석편으로 정연하게 메꾸었다. 바닥면은 판석형 할석을 가지고 빈틈이 생기지 않도록 아주 정교하게 깔았다. 벽석의 상단부 2단이 집수시설 내부로 무너져 내려 집수시설 내부에서 상당량의 석재가 나왔다.

운봉고원의 철의 왕국, 기문국

장수 침령산성 1호 계단식 집수시설 발굴 후 모습으로 상단부 벽석이 인위적으로 파괴됐다.

유물은 토기류와 기와류, 철기류, 목기류, 초기 청자편 등이 출토됐다. 유물의 종류와 그 출토량은 호남 지방에서 학계에 보고된 집수시설 중 가장 많았다. 고려 초 장수 침령산성이 폐성되는 과정에서 상단부 벽석이 집수시설 내부로 무너져 내린 것으로 추정된다. 이 산성의 유적과 유물은 삼국시대부터 고려 초까지 거의 공백 상태로 남아있었던 전북 동부 고대문화의 전개과정과 당시의 역학관계를 연구하는데 값진 학술자료로 평가된다.

우리나라에서 처음 나온 철제 도르래는 집수시설 물이 빠져나가는 수문을 오르고 내리던 도구로 추정되며, 당시 산성에서 사용하던 쇠 화살촉과 토기류도 그 종류가 다양하고 풍부하다. 항상 지하에서 물이 솟아 목간, 목제 용기 등 목제유물이 집수시설에서 다량으로 출토되어, 당시의 일상생활을 복원하는데 크게 기여할 것으로 판단된다. 또한 산성 내 남쪽 기슭 2호 건물지에서 철제 진단구가 출토되어 학계의 이목을 집중시켰다.

산성 내 정상부 1호 집수시설에서 나온 초기 청자편은 진안 도통리 1호 벽돌가마에서 나온 초기청자와 유물의 속성이 대동소이하다. 종래에 전주 동고산성을 중심으로 한 남원 실상사·만복사지, 임실 진구사지, 익산 미륵사지·왕궁리 유적, 정읍 고사부리성·천곡사지, 장수 합미산성, 고창 반암리 벽돌가마 등의 출토품과 역사적인 의미가 일맥상통한 것으로 추정된다.

2019년 산성 내 남쪽 기슭에 위치한 2호 집수시설 발굴에서도 큰 성과를 거두었다. 집수시설은 그 평면형태가 원형으로 5단의 계단식이며, 벽석은 하단부를 다듬지 않은 깬돌로 상단부를 잘 다듬은 석재로 쌓아 서로 축조기법에서 큰 차이를 보였다. 바닥면은 평탄하게 다듬고 돗자리를 전면에 걸쳐 깔았으며, 유물은 6세기 말엽 토기류와 기와류, 목제 유물 등이 나왔다.

장수 침령산성 남쪽 성벽 모습으로 신라 산성의 성벽 축조기법이 강하며, 성벽의 높이 12m 이상이다.

이 무렵 신라는 산정식을 포곡식 산성으로 증축했다. 지형이 상당히 가파른 9부 능선을 통과하는 서벽과 북벽 일부를 제외하면 다른 구간은 포곡식으로 증축됐다. 산정식인 서벽과 북벽은 크기가 일정하지 않은 할석을 가지고 허튼층 쌓기 방식으로 쌓았다. 반면에 포곡식 구간은 장방형 또는 세장방형으로 잘 다듬은 성돌을 이용하여 바른 층 쌓기 방식으로 축조됐는데, 성돌은 그 두께가 상당히 얇다.

장수 침령산성 동문지 발굴 후 모습으로 성문이 현문식이다.

　무엇보다 포곡식 구간은 신라 석축 산성의 특징이 강하다. 동문은 현문식으로 보축 성벽이 확인됐으며, 북벽은 내벽과 외벽을 갖춘 협축식 성벽이다. 성돌은 흑운모 편마암을 장방형 혹은 세장방형으로 잘 다듬었으며, 성벽은 바른층 쌓기 방식으로 쌓았다. 더군다나 2호 집수시설 바닥면에서 6세기 말경의 신라토기가 출토되어, 포곡식 산성은 6세기 중엽 이후 신라에 의해 증축된 것으로 확인됐다.

　전북 동부에서 장수군 장계분지는 사통팔달했던 교통의 중심지이자 전략상 요충지였다. 554년 옥천 관산성 전투 이후 전북 동부는 대부분 신라 수중으로 들어갔다. 신라는 가야, 백제 유물과 관련된 산정식 산성을 4배 이상 규모의 포곡식 산성으로 증축한 뒤 금강 최상류에서 신라의 거점성으로 삼았을 개연성이 높다. 백두

운봉고원의 철의 왕국, 기문국

대간 정상부에 자리한 남원 아막성 학술발굴을 통해서도 운봉고원으로의 신라의 진출이 확인됐다.

백제 사비기 토기편과 기와편이 산성에서 일부 출토되어, 장수군의 운영 주체가 신라에서 다시 백제로 바뀐 것으로 추정된다. 아직은 장수군 내 백제계 유적을 대상으로 발굴이 시작되지 않아 당시의 교체 시기와 교체 과정을 심층적으로 살필 수는 없는 아쉬움이 있지만, 『삼국사기』에 장수군 장계분지에는 백제 백이[해]군伯伊[海]郡이, 장수분지에는 우평현雨坪縣이 설치되어, 문헌으로 백제의 지방행정체제에 편입됐음을 뒷받침해 주었다.

산성 내 남쪽 기슭에 자리한 2호 집수시설 하단부 퇴적층에서 7세기 말엽 신라 토기가 나왔다. 660년 7월 나당연합군이 백제를 멸망시킨 뒤 백제 고토를 지배하기 위해 당나라가 백제 북방의 요충지 공주에 웅진도독부를 설치했다. 신라는 당나라 대응 전략 일환으로 장수 침령산성을 당시 거점성으로 이용한 것이 아닌가 싶다. 당시 신라군이 주둔하려면 산성의 수축과 함께 집수시설도 더 필요했을 것으로 추정된다.

다시 말해 백제 멸망 직후 신라는 장수 침령산성을 국방 요새로 삼았던 것 같다. 문무왕 12년(672) 고구려 멸망 뒤 당나라 병력 5만 명이 평양에 주둔하고 있으면서 신라를 침입하려는 의도를 보이자 이를 견제하기 위해 주장성晝長城을 쌓았는데, 2015년 세계문화유산에 등재된 남한산성은 한강유역을 방어하기 위해 신라가 쌓은 주장성으로 밝혀졌다. 백제 멸망 이후 한동안 장수 침령산성이 당나라를 견제하기 위한 전북 동부 거점성으로 다시 태어났음을 알 수 있다.

경덕왕 16년(757) 백이[해]군이 벽계군壁谿郡으로 그 이름을 고쳤다. 통일신라 때도 장수군 장계분지가 여전히 전북 동부의 거점이었음을 유추해 볼 수 있다. 장

수 침령산성에서도 당시의 유물이 출토됐지만, 아직은 유구가 확인되지 않아 그 성
격을 상세하게 살필 수 없다. 백제 사비기부터 통일신라까지 장수 침령산성의 역할
과 그 역사성을 규명하기 위한 추가 발굴이 요망된다.

　　후삼국 때는 장수 침령산성의 위상이 더욱 높아졌다. 모두 바른층 쌓기 방식으
로 축조된 남쪽 치는 방형 혹은 장방형으로 잘 다듬은 성돌로 쌓았는데, 성돌은 그
두께가 상당히 두껍다. 성벽은 하단부 벽석의 들여쌓기와 줄을 띄운 줄쌓기, 品品 자
형 쌓기로 벽석을 정교하게 쌓았다. 성돌은 견치석犬齒石 혹은 옥수수 낱알모양으로
잘 다듬었으며, 장대형 석재로 뒤채움 해 성돌과 뒤채움석의 응집성을 최고로 높였
다. 전북에서 밝혀진 후삼국 축성기법으로 후삼국 때 일부 수축됐음을 알 수 있다.

　　　　　　　　　　　　　　　　　　　　　　　운봉고원의 철의 왕국, 기문국

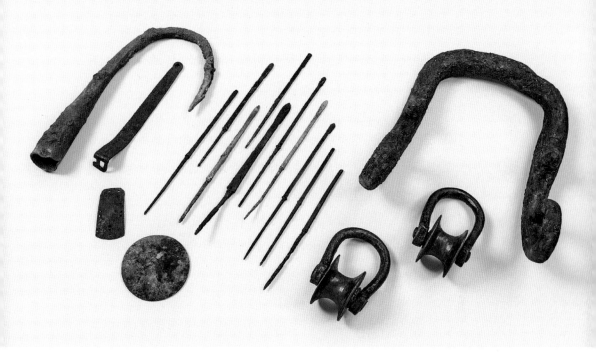

장수 침령산성 1호 집수시설 출토 철기유물 모음.

　　남쪽 성벽 상단부에서도 남쪽 치와 동일한 성벽의 축성기법이 확인됐는데, 후삼국 때 일부 무너진 남쪽 성벽의 상단부가 일부 수축됐음을 알 수 있다. 동시에 1호 집수시설의 증축과 함께 2호 집수시설이 연지로 그 기능이 바뀐 것 같다. 신라와 7세기 말엽 유물이 함께 섞인 상태로 나온 하단부의 퇴적층을 파내지 않고 상단부 벽석만 후삼국 때 다시 쌓았기 때문이다. 2호 집수시설 서쪽에 축조기법이 동일한 3호 집수시설이 자리하고 있는데, 아직은 발굴이 이루어지지 않았다.

　　산성 내 정상부, 즉 1호 집수시설 서쪽 1호 건물지와 남쪽 기슭 중단부 2호 건물지의 조성 시기가 후삼국으로 밝혀졌다. 2호 건물지는 전주 동고산성과 남원 교룡산성, 익산 미륵산성 등 전북에서 조사된 대형 석벽 건물지와 유구의 속성이 상통한다. 동시에 당시 대규모 화재로 붉게 산화된 기와지붕이 그대로 주저앉은 상태로 모습을 드러냈는데, 기와 표면에 선문과 격자문, 어골문 등이 시문되어 후삼국 기와의 속성이 뚜렷하다.

1호 집수시설을 중심으로 산성에서 나온 통일신라 말부터 고려 초까지의 유물이 후삼국의 발전상을 말해준다. 유물의 종류가 다양하고 유물의 출토량도 넉넉하여 신라 못지 않게 후삼국 때의 거점성이었음을 방증해 주었다. 이 유적지로 인하여 지금까지 공백 상태로 남아있었던 전북 동부의 사회상과 시대상을 연구하는데 크게 기여할 것으로 판단된다. 장수 명덕리 대절골 제철유적에서도 산성 출토품과 동일한 후삼국 유물이 상당량 나왔다.

2015년부터 처음 시작된 장수군 지표조사에서 80여 개소의 제철유적이 새롭게 발견됐다. 장수군 번암면에서 무주군 적상면까지 철광석을 녹여 철을 생산하던 제철유적이 조밀하게 분포된 것으로 밝혀졌다. 2020년 장수군 장계면 명덕리 대적골 제철유적에서 후백제 기와편이 다량으로 출토되어, 당시 장수군이 후백제의 동쪽 거점이었음을 유물로 다시 또 입증했다. 후백제 문화층에서 나온 청동제 소형 동종은 높이 26.5cm, 지름 10~15.6cm로 호남지방에서 처음으로 출토된 유물이다.

그러다가 고려 태조 23년(940) 벽계군이 벽계현으로 그 위상이 낮아졌고, 936년 후백제 멸망으로 장수군 장계분지의 지방행정체계도 군郡에서 현縣으로 강등됐다. 또한 고려 초 이후의 유물이 산성에서 출토되지 않아 장수 침령산성이 폐성됐을 것으로 추정된다. 오늘날 전북 장수군을 중심으로 한 진안고원은 북한의 삼수갑산과 함께 낙후와 오지를 암시하는 무진장으로만 회자되고 있다.

모두 다섯 차례의 학술발굴로 장수 침령산성의 축성술과 그 역사성이 파악됐다. 본래 허튼층 쌓기로 쌓은 산정식 산성이 6세기 중엽 신라에 의해 포곡식으로

장수 침령산성 1호 집수시설 발굴 후 모습으로 으뜸 축조기법을 자랑한다.

증축됐고, 후삼국 때 일부 수축된 것으로 밝혀졌다. 장수 침령산성은 영호남을 이어주던 관문이자 전략상 요충지로 신라, 후삼국 때 전북 동부의 거점성이었다. 호남지방 최대 규모의 1호 집수시설을 중심으로 산성에서 가야와 백제, 신라, 통일신라, 후삼국 유물이 출토되어, 전북 동부의 시대상과 사회상을 연구하는데 값진 학술자료로 판단된다. 동시에 산성의 축조기법과 축성술의 변천 과정을 연구하는데 크게 기여할 것으로 판단된다.

모두 여섯 차례의 정밀 지표조사와 발굴조사, 두 차례의 학술대회, 장수 침령산성 도록 발간 등을 통해 산성의 역사성과 진정성, 지역성이 상당부분 파악됐다. 현재 전라북도기념물 제141호로 지정 관리되고 있지만 국가 사적으로 승격한 뒤 산성의 보존 정비 및 활용 방안을 마련하기 위한 추가 발굴이 절실히 요청된다.

전북 동부, 야외 박물관이다

　　　　　　　　　백두대간은 전북 가야의 터전이자 보금자리
였다. 금남정맥과 호남정맥이 전북을 서부의 평야지대와 동부의 산악지대로 구분
짓는다. 금남호남정맥이 전북 동부를 북쪽의 금강과 남쪽의 섬진강유역으로 갈라
놓고 있으며, 백두대간을 중심으로 운봉고원이 동쪽에 진안고원이 서쪽에 위치한
다. 전북 동부는 수계상으로 금강과 남강, 섬진강유역으로 나뉜다. 2018년 완주군
등 만경강유역에서도 가야계 산성 및 봉화가 발견되어 전북 가야사 논의에 포함시
켰다.

　2017년 11월 25일 전북 남원시와 완주군·진안군·무주군·장수군·임실군·순
창군 일대 가야 봉화망에 근거를 두고 전북 가야라고 이름을 붙였다. 백두대간 품
속 전북 가야는 가야 중대형 고총 420여 기, 횃불로 신호를 주고받던 120여 개소
의 가야 봉화로 상징된다. 여기에 전북 가야의 영역에서만 그 존재를 드러낸 제철유
적은 250여 개소에 달한다. 전북 가야는 가야사 국정과제에 국민들을 참여시키기

위해 아예 학술적인 성격을 배제하고 대중적이고 홍보적인 의미만 담고 있음을 밝혀둔다.

백두대간 동쪽 운봉고원은 남강유역으로 신선의 땅으로 회자된다. 백두대간 서쪽 진안고원은 금강 상류로 호남의 지붕으로도 불린다. 백두대간과 금남호남정맥, 호남정맥 사이에 위치한 섬진강유역은 가야와 백제 문화가 공존한다. 현재까지의 지표조사를 통해 전북 동부는 지붕 없는 야외 박물관으로 학계의 이목을 집중시켰다. 전북 동부에서 축적된 고고학 자료를 문헌에 접목시켜 전북 가야의 정체성과 미래 전략을 정리하면 아래와 같다.

호남의 전략상 요충지가 운봉고원으로 십승지지에도 언급되고 있다. 운봉고원에 지역적인 기반을 둔 기문국은 4세기 후엽 경 처음 등장해 6세기 초엽 이른 시기까지 존속했다. 백두대간이 운봉고원 서쪽에 자연 경계를 이루었고, 백제와 가야 문물 교류의 큰 관문을 이루었다. 당시 대규모 철산개발과 거미줄처럼 잘 구축된 교역망을 통한 철의 생산과 유통이 원동력으로 작용했던 것으로 추측되며 운봉고원은 철의 생산부터 주조 기술까지 하나로 응축된 철의 테크노밸리였다. 남원 실상사 철불은 운봉고원에서 화려하게 꽃피운 철기문화의 집합체이자 최고의 걸작품이다.

운봉고원 일대에 180여 기의 마한 분구묘와 가야 중대형 고총, 금동신발, 청동거울 등 위세품이 출토됨으로써 기문국의 존재를 고고학적으로 뒷받침해주었다. 백제를 중심으로 한 대가야, 소가야, 아라가야 등이 운봉고원에서 생산된 철을 안정적으로 확보하기 위해 최고급 위세품과 최상급 토기류를 기문국으로 보냈다. 그러다가 6세기 초 백두대간을 넘는 백제의 가야 진출로 백제에 복속됐다가 554년 옥천 관산성 전투에서 백제가 패배함에 따라 신라 영역으로 편입됐다.

운봉고원은 그 중심지가 네 번 옮겨진 것 같다. 기원전 84년 지리산 달궁계곡으로 피난 온 마한 왕이 달궁터를 닦고 71년 동안 국력을 키워 운봉읍 장교리 연동마을로 이동해 말무덤을 남겼다. 운봉고원의 마한세력은 가야문화를 받아들이기 이전까지 정치 중심지를 운봉읍 장교리에 두었다. 그러다가 4세기 말 가야문화를 받아들이고 아영면 월산리·청계리 일대에서 잠시 머물다가 남원 유곡리와 두락리로 중심지를 옮겼다. 남원 월산리·청계리는 반달모양 산자락이 휘감아 자생 풍수에서 최고의 명당을 이룬다. 남원 유곡리와 두락리는 기문국의 마지막 도읍이 아닌가 싶다.

금강 최상류 진안고원 내 장수군 일원에 지역적인 기반을 둔 반파국은 4세기 말엽 경 처음 등장해 가야 소국으로 성장하다가 6세기 초엽 경 백제에 의해 멸망됐다. 금남호남정맥이 백제의 동쪽 진출을 막았고, 당시 사통팔달했던 교역망의 장악, 대규모 구리 및 철산개발이 원동력으로 작용했다. 가야 영역에서 철기문화가 처음 시작된 장수 남양리도 반파국 영역에 위치한다. 장수 노곡리·호덕리 마한의 지배층 분구묘가 지속적인 발전 과정을 거쳐 240여 기의 가야 중대형 고총이 진안고원 내 장수군에서만 발견된 것으로 추측컨대, 장수군은 운봉고원과 함께 전북 가야의 정치 중심지였다.

장수 동촌리 고분군 가야 고총에서 나온 말발굽은 철의 생산부터 가공 기술까지 하나로 응축된 첨단 기술의 집약체이다. 금강 최상류에서 가야문화를 당당히 꽃피웠던 반파국은 200여 개소의 제철유적과 관련된 철의 왕국이다. 전북 가야의 영역에 120개소의 가야 봉화를 남긴 봉화 왕국이자 1500년 전의 ICT(Information & Communication Technology) 왕국으로, 백두대간 서쪽 금강 최상류 장수군 일원에 가야문화를 당당히 꽃피웠던 유일한 가야 소국이다. 중국 및 일본 문헌에 모두 다 등장하는 반파국은 봉화 왕국이며, 전북 가야를 탄생시킨 장수 가야가 문헌 속의 반파국인 것이다.

에필로그

1500년 전 반파국은 가야 소국으로 등장하는데, 문헌에서 요구하는 반파국의 정체성은 봉후(화)이다. 엄밀히 설명하면 가야 봉화는 반파국의 아이콘이자 타임캡슐이다. 1990년대 한 개소의 가야 봉화도 발견되지 않은 상황에서 경북 고령군 대가야읍에 도읍을 둔 대가야를 반파국으로 비정한 견해가 지금까지의 정설이었다. 그러나 영남지방에서는 한 개소의 가야 봉화도 발견되지 않은데다가, 가야 봉화 발굴조사에서 대가야 양식 토기가 아닌 반파국에서 직접 만든 가야토기가 출토됨으로써 학계의 추가 논의가 불가피한 상황이다.

전북 가야의 영역 설정은 가야 봉화망에 그 근거를 두었다. 지금까지 여덟 갈래 봉화로가 복원됐는데, 모든 봉화로의 출발지를 연결하면 반파국의 국경선이 완성된다. 반파국 영역은 백두대간 산줄기가 동쪽, 섬진강이 서쪽 경계를 형성하고 충남 금산군이 북쪽 국경을 이루었다. 금강 최상류에 지역적인 기반을 둔 반파국은 백제의 불안을 틈타 백제 영역으로 진출을 강행했다. 당시 반파국이 섬진강과 만경강 유역으로 진출했음을 120여 개소의 가야 봉화망이 문헌의 내용을 방증해 주며, 반파국과 백제, 신라 역학관계의 전개 과정 또한 반증한다.

가야 봉화망에서 가장 중요한 것은 봉화로의 최종 종착지이다. 반파국 여덟 갈래 봉화로의 최종 종착지가 장수군 장계분지로 밝혀졌다. 장수 봉화산 봉화 등 7개소의 가야 봉화가 장계분지를 병풍처럼 감싼 산자락 정상부에 위치한다. 장수 삼봉리 산성 내 봉화시설이 모든 봉화로의 정보를 하나로 취합했던 것 같다. 2021년 원형의 집수시설과 그 내부에서 반파국에서 만든 가야토기편이 나와 가야 산성으로 밝혀졌다. 조선시대 다섯 갈래 봉화로의 정보를 하나로 모아서 합하는 서울 목멱산과 같은 곳으로 그 북쪽에 반파국 추정 왕궁터가 위치한다.

장수군 장계분지는 반파국 도읍지였다. 장계분지 동쪽에 우뚝 솟은 산봉우리가 성주산聖主山으로 반파국 도읍지 주산으로 추정된다. 성주산에서 동남쪽으로 뻗은 산자락에 태봉胎峰이 자리하고 있는데, 이곳에 왕비의 태를 묻었다고 전한다. 태봉에서 양쪽으로 갈라진 산자락이 반달모양으로 삼봉리 탑동마을을 휘감아 최고의 혈처를 연출했는데, 그곳이 반파국 추정 왕궁터이다. 후백제 때 사찰을 지어 반파국의 추정 왕궁터와 후백제 개안사지가 서로 중첩되어 익산 왕궁리 유적을 쏙 빼닮았다.

장수 삼봉리·월강리·장계리·호덕리 고분군은 반파국 수장층 혹은 지배층이 잠든 분묘유적이다. 현재 봉토의 직경이 20m 내외되는 120여 기의 가야 고총이 무리지어 있는데, 본래 훨씬 더 많았던 것 같다. 일제강점기 오꾸라 세이지가 땅을 매입한 뒤 건물을 짓고 사람을 고용하여 가야 고총을 대부분 도굴했다고 한다. 가야 고총의 매장시설 장벽을 거의 드러낼 정도로 도굴의 피해가 가장 극심하다. 장수 삼봉리·월강리·장계리·호덕리 고분군과 추정 왕궁터, 가야 봉화로의 최종 종착지가 위치함으로써 장수군 장계분지가 반파국 도읍지였음을 확증해주었다.

본래 반파국의 영역은 금강유역의 장수군과 진안군 동향면·안천면, 무주군 안성면·적상면·부남면으로 백제와 금강에서 신라와 남대천에서 국경선이 형성됐다. 백제가 웅진으로 도읍을 옮긴 이후 한동안 정치 불안에 빠지자 백제 영역인 전북 진안군과 충남 금산군 일대로 진출했고, 최전성기에는 금남정맥을 넘어 완주군 동북부까지 진출하여 금만정맥에서 백제와 국경을 마주했다. 반파국은 기문, 대사의 소유권을 두고 백제와 3년 전쟁을 치르면서 남원시와 임실군, 순창군 등으로 진출하여 섬진강유역에도 가야 봉화망을 구축했다.

현재까지 세 가지 유형의 가야 봉화대가 복원됐다. 하나는 석축형으로 크기가 일정하지 않은 깬돌로 허튼층쌓기로 봉화대를 만들었는데, 벽석의 축조기법은 처

에필로그

음에 성기고 조잡하다가 후대에 판석형 할석으로 정교하게 쌓았다. 다른 하나는 암반형으로 자연 암반을 평탄하게 다듬고 불을 피우기 위한 원형 혹은 전원후방형 봉화구를 다시 파냈다. 또 다른 하나는 토축형으로 흙을 쌓아 장방형 봉화대를 만들고 불을 피우던 봉화시설을 두었다. 봉화대의 축조기법이 서로 다른 것은 축조 시기를 말해주는 것으로 석축형이 가장 앞서고 암반형과 토축형이 늦다. 만경강유역 가야 봉화대는 대부분 석축형으로 그 축조기법도 가장 정교하다.

본래 반파국 영역에 배치된 봉화대는 대부분 석축형으로 거칠고 조잡하게 쌓았는데, 가야 봉화가 국경선과 제철유적이 많은 철산지에 집중 배치되어 국경의 감시와 제철유적의 방비에 큰 목적을 두었던 것 같다. 그러다가 백제 영역으로 진출한 이후 쌓은 가야 봉화대는 대부분 석축형이긴 하나 상당히 정교하게 쌓았으며, 백제의 동향을 살피기 위해 장수군으로 향하는 옛길을 따라 선상으로 배치되어 있다. 섬진강유역 가야 봉화대는 3년 전쟁을 치르면서 쌓아 토축형과 암반형이 혼재되어 있으며, 일부 석축형은 거칠고 조잡하게 쌓았다. 운봉봉화로도 섬진강 유역과 마찬가지로 봉화대의 축조기법이 정교하지 않다.

1500년 전 반파국이 전국에 통신망을 구축할 수 있었던 국력은 어디서 나왔을까? 모든 가야의 영역에서 철기문화가 처음 시작된 곳이 장수군 천천면 남양리 유적이다. 장수군은 또한 철광석을 녹여 철을 생산하던 가장 많은 제철유적을 학계에 알렸다. 반파국 등 전북 가야의 영역에서만 학계에 보고된 제철유적은 250여 개소에 달한다. 반파국이 철의 생산과 유통으로 부국강병을 이룩한 뒤 전국에 가야 봉화망을 구축했을 것으로 추정된다. 반파국의 가야 봉화와 제철유적은 서로 나눌 수 없는 불가분의 관계가 아닌가 싶다.

장수군 장계면 명덕리 대적골 제철유적은 제련부터 정련, 주조까지 모두 담아낸 종합 제철소로 우리나라에서 최대 규모 제철유적으로 밝혀져 학계의 이목을 집중시켰다. 아직은 반파국과 제철유적의 연관성이 검증되지 않았지만, 반파국 가야 고총에서 단야구와 편자를 중심으로 마구류, 무구류 등 지역색이 강한 철기류가 출토되어 그 가능성을 더욱 높였고, 반파국이 가야 봉화 왕국으로 융성하는데 전북 동부 철의 생산과 유통이 크게 공헌했을 것으로 유추해 두고자 한다.

가야사 국정과제로 전북 동부에서 그 존재를 드러낸 가야 봉화는 120여 개소에 달한다. 지금도 가야 봉화를 찾고 알리는 정밀 지표조사가 계속 진행되고 있기 때문에 그 수가 더 늘어날 것으로 확신한다. 1990년대부터 1000m 내외의 산봉우리를 오르내리는 가야 봉화 찾기 프로젝트에 참여해 준 고고학자들의 도전과 뚝심에 감사를 드린다. 그렇다고 하더라도 가야 봉화에 역사의 생명력을 불어넣기 위해서는 걸어온 길보다 더 먼 길을 또 가야할 것 같다. 가야 봉화의 검증 및 고증을 위한 학술대회의 추진도 기원해 본다.

장수군 장계분지에서 반파국의 중심지가 두 번 이동했을 것으로 추정된다. 첫번째 중심지는 마무산馬舞山 부근으로 장수군 계남면 침곡리 고기마을로 달리 옛터로 불리는 곳이다. 두 번째는 장수군 장계면 삼봉리 탑동마을로 자생 풍수에서 최고의 명당을 이룬다. 반파국 추정 왕궁터로 장수군 장계분지 주산 성주산聖主山에서 뻗어 내린 산자락이 반달모양으로 감싸고 있다. 전북 동부에서 그 존재를 드러낸 120개소의 봉화에서 실어온 모든 정보가 하나로 취합되는 장수 삼봉리 산성과 120여 기의 가야 고총으로 구성된 장수 백화산 고분군이 그 부근에 위치해 있다.

전북 장수군을 제외한 금강유역은 전북 가야의 경제, 국방 거점이었다. 전북 완주군·무주군, 충남 금산군에서 시작된 네 갈래의 가야 봉화로가 금강유역을 통과한다. 가야 봉화는 산봉우리 정상부를 평탄하게 다듬고 허튼층쌓기로 장방형 봉화대를 만들었다. 봉화대 정상부에는 불을 피우는 발화 시설이 있는데, 발화 시설은 2매의 장대형 석재를 10cm 내외의 간격으로 나란히 놓고 그 주변을 원형으로 둘렀다. 자연 암반인 경우에는 원형 혹은 장구형으로 바위를 파내어 발화 시설을 마련했다.

금강유역은 또한 지하자원의 보고이다. 현재까지 160여 개소의 제철유적이 학계에 보고됐는데, 무주군 무풍면과 설천면, 진안군 주천면, 완주군 운주면 일원에 집중적으로 분포되어 있다. 가야와 백제, 신라의 유적과 유물이 공존하는 무주군은 제철유적의 밀집도가 월등히 높다. 한반도에서 동광석을 녹여 구리를 생산하던 진안군 동향면 대량리 제동유적도 금강유역에 위치한다. 봉화 왕국 반파국이 봉화(後)제를 운영할 수 있었던 국력의 원천도 금강유역의 제철유적 및 제동유적에서 비롯됐을 것으로 유추해 두고자 한다.

전북 동부에서 가장 넓은 영역을 차지하고 있는 곳이 섬진강유역이다. 종래에 전북 남원시와 순창군, 전남 곡성군에서 마한의 지배층 무덤으로 밝혀진 40여 기의 분구묘가 학계에 보고됐지만, 가야 중대형 고총은 그 존재가 여전히 발견되지 않고 있다. 마한의 분구묘가 자취를 감춘 이후 수장층 혹은 지배층과 관련된 어떤 종류의 분묘유적은 더 이상 만들어지지 않았다. 가야 소국의 존재가 고고학 자료로 성립되지 않는 섬진강유역은 전북 가야와 영산강유역의 마한 사이에 위치한 완충지대이자 문화상으로는 점이지대를 이룬다.

일제강점기부터 섬진강유역은 전북 남원시, 임실군 일대에 가야 소국 기문국이 있었던 곳으로 주목을 받았다. 그러나 가야 소국의 존재를 방증해 주는 가야 중대형 고총이 발견되지 않고 있는 상황에서 가야 및 백제 유적과 유물이 공존한다. 장수군 장계분지로 이어진 임실·순창봉화로가 섬진강 상류지역을 동서로 가로지른다.

가야 봉화의 봉화대는 대체로 흙 또는 깬돌을 가지고 거칠고 조잡하게 쌓아 다른 지역의 가야 봉화들과 다르다. 섬진강유역으로 반파국의 일시적인 진출을 20여 개소의 가야 봉화대가 뒷받침해 주었지만 반파국의 진출 기간이 그다지 길지 않았다.

2018년에는 가야계 산성 및 봉화, 제철유적이 만경강유역에서 발견되었다. 완주군 동북부에서 각시봉·불명산·봉수대산 봉화 등 그 모습을 최초로 드러낸 20여 개소의 봉화는 유구의 속성에서 강한 공통성을 보였다. 가야 봉화는 허튼층쌓기로 방형 혹은 장방형 봉화대를 만든 뒤 돌로 내부를 채웠다. 완주 봉림산 봉화에서 상당량의 토기편이 수습됐는데, 삼국시대 토기편은 기벽이 두껍고 희미하게 승석문이 시문되어 6세기를 전후한 시기로 편년됐다. 전북 동부에서 가장 정교한 가야 봉화가 집중적으로 배치된 곳이 완주군 동북부이다.

만경강유역에서 금남정맥 싸리재를 넘어 최종 종착지 장수군 장계분지로 향하는 옛길을 따라 20여 개소의 봉화가 선상으로 배치되어 있다. 가야 봉화 주변에는 봉화의 봉화대와 동일하게 성벽을 쌓은 산성들이 위치하여 가야 봉화와의 관련성도 확인됐다. 완주 용복리·고성산·종리·봉실산·성태봉·천호산성에는 산성 내에서 봉화 시설이 발견됐다. 아직까지 만경강유역 가야 봉화를 대상으로 한 차례의 발굴조사도 추진되지 않아 그 축성 주체를 단정할 수 없지만 봉화 왕국 반파국으로 유추해 두고자 한다. 전북 동부 가야 봉화의 분포 양상이 반파국의 영역과 일치한다.

완주군에서 가야와 관련된 유물은 토기류와 철기류가 있다. 만경강 내륙수로와 장수군 장계분지 방면으로 향하는 옛길이 교차하는 완주 구억리·배매산성, 익산 등용리에서 가야토기가 나왔다. 완주군 동북부 가야 봉화망과 그물조직처럼 잘 구축된 만경강유역의 교역망은 전북 가야에 의해 이용됐을 개연성도 배제할 수 없다. 완주군에서 제철유적의 밀집도가 높은 완주군 동북부 일대에 산성 및 봉화가 집중적으로 배치되어 있다. 가야 소국 반파국과 백제의 국경이 전북 완주군과 충남 논산시 행정경계를 이룬 금만정맥에서 잠시 형성된 것 같다.

완주 상운리에서는 가야의 판상철부와 단야도구가 서로 공반된 상태로 출토됐는데, 전북 동부에서 생산된 철이 상운리에서 다시 가공됐음을 말해준다. 반면에 완주 신포·장포에서는 판상철부 등 다양한 철기류가 나와 만경강 내륙수로로 철이 널리 유통됐음을 뒷받침해 주었다. 만경강유역에는 전북혁신도시에서 처음 시작된 철의 생산과 유통을 주도했던 토착 세력 집단이 마한을 거쳐 삼국시대까지 계기적인 성장을 이룬 것으로 추정된다. 전북이 염철론鹽鐵論의 무대로 융성하는데 결정적인 밑거름이 됐고, 전북의 '동철서염'이 처음으로 국가 시스템으로 구축됐다.

터키 히타이트에서 처음 시작된 철기문화가 실크로드를 경유하여 중국 산동반도에서 바닷길로 전북혁신도시에 곧장 전래됐다. 바다의 동력 쿠로시오 해류에 의해 두 지역의 운명적인 만남이 이루어진 것이다. 2200년 전 바닷길로 만경강 유역에 정착한 제나라 전횡, 고조선 준왕의 선진세력은 당시 만경강유역을 초기 철기문화의 거점으로 이끌었다. 전북혁신도시를 중심으로 모악산과 미륵산 사이 만경강 유역이 마한의 요람으로 학계의 이목이 집중되는 이유다.

초기철기시대 전북혁신도시를 한반도 테크노밸리로 이끈 전횡의 후예들이 한 세기 뒤 철광석을 찾아 장수군 천천면 남양리, 지리산 달궁계곡으로 이주했을 개연성이 높다. 전북 동부에 속한 두 지역 모두 으뜸 철광석 산지이다. 2019년 전북 동부 철기문화의 요람으로 추정된 지리산 달궁계곡에서 마한 왕의 달궁터가 발견되어 그 역사성을 검증하기 위한 발굴조사가 요청된다. 만약 전북 동부 철기문화의 요람으로 검증된다면 지리산 최고의 역사적인 명소로 충분하다.

제나라 또는 고조선을 출발하여 전북 동부로 철기문화가 전파된 경로를 전북의 아이언로드로 설정해 두고자 한다. 이제까지 학계의 연구 성과와 달리 철기문화가 한반도 서쪽에서 동쪽으로 전래됐다는 고견은 시사하는 바가 크다. 전북의 철기문화가 동쪽에서 서쪽으로 전래됐다는 주장에 대한 인식의 변화가 요구된다.

가야사 국정과제로 전북 가야의 영역에서만 250여 개소의 제철유적이 그 존재를 드러냈다. 지금도 전북 동부 제철유적을 찾는 정밀 지표조사가 계속 진행되고 있기 때문에 그 수가 더 늘어날 것으로 기대된다. 종전에 한반도에서 학계에 보도된 350여 개소의 제철유적에는 한 개소도 포함되지 않고, 모두 가야사 국정과제 지표조사를 통해 새롭게 찾았다. 장수 명덕리 대적골·와룡리, 남원 고기리·성산리·화수리 옥계동, 무주 삼공리 구천계곡·월음령계곡 제철유적의 역사성을 밝히기 위한 발굴조사도 이제 막 시작됐다.

초기철기시대 철기문화가 바닷길로 곧장 전북혁신도시에 전래된 뒤 전북 가야를 거쳐 후백제까지 이어진 계속적인 철의 생산과 유통이 전북을 동북아 문물교류의 허브로 키웠다. 백두대간 양쪽에 가야문화를 당당히 꽃피운 전북 가야는 한마디로 첨단과학으로 상징된다. 동시에 철 생산과 유통으로 부국강병을 이룩한 뒤 전북 동부에 120여 개소의 가야 봉화를 남긴 것이다. 모든 가야의 영역에서 전북 가야에서만 그 존재가 확인됐다. 그리하여 전북 가야 앞에 봉화 왕국이라는 수식어가 꼭 따라 붙는다.

전북 동부가 6세기 중엽 경 신라에 편입되자 일본열도에서 철을 생산하기 시작한다. 전북 가야 발전을 이끈 철의 장인 집단이 바다를 건너 일본으로 갔을 개연성도 없지 않다. 전북 가야는 터키 히타이트를 출발해 중국을 거쳐 일본 열도까지 이어진 아이언로드(Iron-Road)의 교량 역할을 담당했던 것 같다. 일본열도에서 전통식 제철법과 타타라 제철법이 공존하고 한국식 산성의 존재가 확인된 오카야마 일대가 그 개연성이 높다. 한일 간 고대 철기문화 복원 프로젝트가 절실한 대목이다.

요즘 문화재의 가치는 그 보존과 활용에 있다고 한다. 전북 동부에서 그 실체를 드러낸 전북의 가야문화유산은 거의 잡목과 잡초 속에 갇혀 있거나 가야 고총의 봉분을 평탄하게 다듬어 밭으로 경작되고 있다. 전북의 가야문화유산에 대한 보존 관리 방안이 마련되지 않는 것은 전북 가야에 대한 무관심에서 기인한다. 전북 가야의 정체성과 역동성을 담은 미래 전략의 입안이 요청된다. 영남지방은 30여 개소의 가야문화유산이 국가 사적으로 지정 관리되고 있으며, 대가야박물관과 가야테마파크공원에서 가야를 만날 수 있는 것과 극명하게 대비된다.

2018년 3월 28일 남원 유곡리와 두락리 고분군이 호남지방에서 처음으로 국가 사적 제542호로 지정됨으로써 100대 국정과제에 속한 가야사 조사 연구 및 정비를 위한 첫 마중물이 됐다. 그 여세를 몰아 가야고분군 세계유산 등재 목록에도 최종 선정됐다. 2019년 10월 1일 장수 동촌리 고분군이 국가 사적 제552호로 지정됐다. 앞으로 더 많은 국가 사적을 지정 받기 위해 전라북도와 7개 시군의 전략 수립과 지속적인 학술조사가 요망된다. 동시에 전북 동부에서 가야문화를 융성시킨 전북 가야사를 올곧게 복원하여 가야사의 잠재력과 권위를 고취시켰으면 한다.

2019년 10월 4일 장수 가야 홍보관이 문을 열었다. 전북 가야를 이끈 반파국, 기문국을 한자리에서 만날 수 있는 최초의 전북 가야의 역사 문화 공간이다. 전북 동부 7개 시군에서 그 실체를 드러낸 방대한 가야문화유산을 일목요연하게 잘 담아냈다는 평가를 받고 있다. 이제 막 홍보관으로 첫 걸음을 뗀 전북 가야가 박물관과 체험관, 테마파크로 더 재도약하길 기원해 본다. 동시에 전북 동부 가야문화유

산을 역사교육의 장과 역사 문화 관광자원으로 활용하기 위한 국가 차원의 보존
정비 및 활용 방안도 강구됐으면 한다.

　　경상남·북도와 전라북도, 남원시 등 11개 지자체가 가야고분군을 유네스코
(UNESCO) 세계유산(World Heritage)으로 등재시키기 위해 온 힘을 쏟고 있다. 김
해 대성동 고분군, 함안 말이산 고분군, 합천 옥전 고분군, 고령 지산동 고분군, 고
성 송학동 고분군, 남원 유곡리와 두락리 고분군, 창령 교동과 송현동 고분군이 모
두 이에 속한다. 가야고분군은 1~6세기에 조성된 가야의 7개 고분군으로 한반도
가야의 성립, 발전, 소멸 등 가야의 흥망성쇠를 잘 보여준다는 내용을 탁월한 보편
적 가치로 삼았다. 올해 가야고분군이 세계문화유산에 꼭 등재되기를 간절히 기원
해 본다.